Alan Watts

Sencillamente así

Sobre el materialismo, la tecnología y el universo inteligente

Traducción del inglés de Antonio Francisco Rodríguez

editorial Kairós

Título original: JUST SO

© 2020 Alan Watts
Traducción publicada con autorización de Sounds True, Inc.

© 2021 by Editorial Kairós, S.A.
Numancia 117-121, 08029 Barcelona, España
www.editorialkairos.com

© de la traducción del inglés al castellano: Antonio Francisco Rodríguez
Revisión de Alicia Conde

Fotocomposición: Moelmo, S.C.P. 08009 Barcelona
Diseño cubierta: Katrien Van Steen
Imágenes cubierta: Alexandr Bognat (globo) y Aleksandr Elesin (busto)
Impresión y encuadernación: Romanyà-Valls. 08786 Capellades

Primera edición: Febrero 2021
ISBN: 978-84-9988-842-2
Depósito legal: B 196-2021

Este libro ha sido impreso con papel certificado FSC, proviene de fuentes
respetuosas con la sociedad y el medio ambiente y cuenta con los
requisitos necesarios para ser considerado un «libro amigo de los bosques».

Sumario

Acerca de este libro

En su origen, las conversaciones editadas de *Sencillamente así* se grabaron en el ferry *SS Vallejo*, hogar y estudio de Alan Watts, atracado en el extremo norte de Sausalito, California. Durante años, su hijo Mark grabó las conferencias públicas de Watts en Estados Unidos, y en 1972 empezó a recopilar cursos universitarios en audio a partir de estas grabaciones. El primero de estos cursos de audio apareció en casete, que en aquel tiempo permitía una amplia escucha móvil en coches y en reproductores portátiles.

Después de la muerte de Watts en 1973, Mark continuó elaborando cursos a partir del trabajo de su padre y fundó la Alan Watts Electronic University en una cabaña en las laderas del Monte Tamalpis, en el condado de Marin. Mark también creó el programa de radio *Love of Wisdom* a partir de las conferencias de su padre, adaptó buena parte del material de Watts a los medios digitales, produjo *Why Not Now?* (un *collage* audiovisual retro sobre la vida de su padre) y sigue trabajando en diversos proyectos creativos y de archivo. Como *Out of Your Mind* (Sounds True, 2017), *Sencillamente así* es una colaboración editorial con Robert Lee.

1. Formar parte

Como occidentales, estamos acostumbrados a utilizar cierto tipo de lenguaje, así como una determinada lógica que acompaña a ese lenguaje. Para empezar, estamos habituados a pensar en el mundo y a describirlo en términos de partículas: un conjunto de partículas que fluctúan de forma ordenada, como en el juego del billar. Pensamos en nuestra psicología, en nuestros cuerpos y en nuestras relaciones con el mundo exterior en los términos de la mecánica newtoniana, semejantes a los del billar, que en realidad se remonta a las teorías atómicas de personajes como Demócrito, un filósofo presocrático que vivió hace casi 2.500 años.

Por lo tanto, hemos de empezar repasando la historia de estas teorías atómicas. La propia noción de los átomos ha fascinado a la humanidad durante largo tiempo. ¿De qué están compuestas todas las cosas? ¿De qué está hecho el mundo, el cuerpo humano?

En efecto, hay una forma directa de descubrir lo que hay en el interior de una estructura u organismo particular, y consiste en tomar un cuchillo y partir el objeto en dos. Evidentemente, al actuar así nos encontramos con dos fragmentos del objeto, pero en el proceso también descubrimos que el interior de ese objeto específico tiene su propia estructura. Y en el ejemplo del cuerpo humano, esa estructura específica consta de huesos, tejidos, órganos, etcétera.

Este descubrimiento nos invita a proseguir la investigación. ¿De qué están compuestos los órganos? Trocearlos revela otras estructuras y componentes más pequeños, lo que nos anima a seguir cortando, y avanzamos así hasta obtener pedazos tan finos como la anchura de nuestro cuchillo. Por lo tanto, no podremos seguir cortando o troceando esos pedazos hasta que alguien invente un cuchillo mejor, con una hoja más afilada.

Gracias a este proceso, acabaremos por descubrir –o creeremos haber descubierto– pedazos tan diminutos que ya no podrán reducirse a componentes más pequeños. Durante mucho tiempo a esos componentes fundamentales se les dio el nombre de átomos. En griego, la palabra para «indivisible» es *atomas*, que podemos dividir en los componentes *a* («no») y *temnein* («cortar»). Así pues, se propuso que el átomo era la más ínfima partícula de la materia, indescomponible en partículas más pequeñas. Esta era la idea fundacional del atomismo de Demócrito, que concibe el mundo como una entidad construida como una casa elaborada con ladrillos o piedras, en la que los fragmentos más diminutos contribuyen a sostener el conjunto. En otras palabras, el propio mundo es una combinación de partículas fundamentales.

Por alguna razón, estas partículas fundamentales se concibieron como bolas diminutas, probablemente porque las bolas son difíciles de dividir. Si intentamos dividir una bola de billar con una espada, lo más probable es que la hoja se deslice a un lado sin cortarla. De hecho, debo decir que las primeras ideas sobre los átomos aseguraban que los átomos de sustancias líquidas se asemejaban a bolas. Por su parte, los átomos de las sustancias sólidas se imaginaban en forma de cubos, ya que los cubos se apilan firmemente unos sobre otros. Los líquidos se esparcen por las superficies, por lo que sus átomos debían de ser esféricos. Además, si mi recuerdo no me falla, los átomos que supuestamente constituían el fuego tenían forma de pirámide. No recuerdo la forma que debían tener los átomos de los que está compuesto el aire; tal vez se asemejaban a tubos o algo similar.

Estas son, fundamentalmente, las ideas subyacentes al pensamiento occidental. Incluso hoy pensamos en los átomos y en las partículas subatómicas tal como concebimos los sistemas planetarios. Estos componentes increíblemente pequeños giran unos en torno a los otros y en ocasiones chocan entre sí según patrones predecibles, tal como ocurre en el juego del billar.

No hace falta decir que el modelo newtoniano del juego de billar ya no es aplicable. No podemos explicar el movimiento de los átomos como una serie de colisiones secuenciales. Las cosas no se desarrollan así, para empezar porque no están separadas unas de otras: podemos identificar olas individuales, pero es todo el océano el que se agita. Y al aislar una única ola, jamás encontraremos una cresta sin un valle. Las olas a medias no existen en la naturaleza. Análogamente, no encontramos materia sin espacio ni espacio sin materia: son aspectos diferentes de una misma realidad. Los polos positivo y negativo también aparecen juntos, y una corriente eléctrica necesita de ambos para fluir. Así pues, los individuos y su entorno existen en relaciones polares, como aspectos diversos de una única energía.

Tampoco es correcto afirmar que todos somos un único ser inconmensurable. La existencia se compone de ser y no ser, materia y espacio, crestas y valles. En esencia, la energía del mundo es vibratoria –aparece y desaparece– y jamás encontraremos un aspecto sin el otro. «Ser o no ser» ciertamente no es la cuestión, porque *ser* implica *no ser*, así como *no ser* implica *ser*.

Teología y leyes de la naturaleza

El lenguaje y la lógica que utilizamos para hablar del mundo –especialmente en lo que se refiere a las leyes de la naturaleza– también proceden de nuestra teología. La teología que hemos heredado y con la que la mayoría de nosotros hemos crecido es decididamente judeocristiana, lo que significa que la imagen del universo que hemos adquirido es básicamente monárquica. Nuestra forma de pensar procede de una cultura que concibe el mundo como un constructo evocado a partir de la nada por el mandamiento de un rey celestial.

No estoy suponiendo que los lectores cristianos y judíos aún se adhieren a una idea ingenua de Dios. Dicho esto, lo que aquí quiero transmitir es que la mayor parte de nuestras ideas sobre Dios –nuestras imágenes y símbolos, y las formas mitológicas que utilizamos para describir lo divino– ejercen una influencia extremadamente poderosa en nuestras emociones y en nuestra conducta.

Por ejemplo, de niño yo era miembro de la Iglesia de Inglaterra. En ella es bastante obvio –desde un punto de vista emocional distinto al punto de vista intelectual– que Dios apoya al rey de Inglaterra. Y era muy evidente, especialmente para un pequeño muchacho, que el rey y el arzobispo de Canterbury, y toda la jerarquía de señores, damas y funcionarios que descendían de ellos estaban íntimamente implicados en la jerarquía del cielo.

En la oración de la mañana a la que asistimos cada domingo, el sacerdote dice: «Oh, Señor nuestro, Padre Celestial, Alto y Poderoso, Rey de Reyes, Señor de Señores, solo Gobernador de príncipes, que desde tu trono miras a todos los habitantes de la tierra; de corazón te suplicamos que mires favorablemente a nuestro noble soberano, el Rey Jorge...», etcétera. Y todo el clero, con sus túnicas, se acerca con ademanes cortesanos al altar –una especie de símbolo terrenal del trono del cielo–, donde ofrece sus ruegos con la humildad debida.

Cuando crecemos en estos ambientes, todo esto nos resulta perfectamente normal. Es nuestra actitud natural hacia Dios. Pero imaginemos lo extraño que sería para cualquiera que viva en una cultura en la que Dios no se conciba a imagen de la realeza. ¿Qué ocurre con la servil genuflexión ante el altar?

Pues bien, en nuestra historia, los tronos suelen ser lugares en esencia consagrados al terror, porque quien gobierna por la fuerza está fundamentalmente aterrado. Por ello, los monarcas se rodean de todo tipo de protecciones y hay que dirigirse a ellos con el lenguaje correcto.

Si entramos en un tribunal de justicia ordinario en el Estados Unidos de hoy, se espera que nos comportemos en el marco de una estricta etiqueta. No podremos reírnos, so pena de que el juez dé un golpe de mazo y nos amenace con desdén y todo tipo de atroces castigos. Todos deben guardar un semblante serio. Como en los desfiles, en los que los soldados se alinean con una expresión lúgubre y saludan a la bandera, lo que parece un asunto serio.

Así pues, los reyes temen tanto la risa como el ataque. Por esta razón todos tienen que arrodillarse ante ellos, porque la genuflexión y la postración nos sitúan en desventaja. El rey se alza o se sienta en su trono, escoltado por su guardia pretoriana. En la Iglesia actual observamos la misma disposición: el obispo en su solio, flanqueado por sus canónigos asistentes y el clero. La antigua catedral católica recibía el nombre de *basilica*, que en latín significa «palacio real» y deriva del griego *basileus*, «rey».

{ *Jehová tan solo es una forma amable de decir lo que no puede decirse.* }

Algunas de las fórmulas que se emplean en la Biblia para dirigirse a Dios –por ejemplo, Rey de Reyes o Señor de Señores– en realidad son préstamos de las expresiones utilizadas para los emperadores persas. Por otra parte, ciertos ritos asociados con el cristianismo son, de hecho, reflejos de los grandes monarcas autócratas de los tiempos antiguos: los Ciros de Persia, los faraones de Egipto y reyes babilonios como Hammurabi. Así fue como los pueblos empezaron a concebir un universo gobernado según el mismo patrón político. Hammurabi, en concreto, y Moisés después de él eran los supuestos patriarcas sabios que dictaron las reglas por decreto divino. Fueron ellos los que dijeron: «A partir de ahora las cosas serán así. Como no sois capaces de poneros de acuerdo entre vosotros, estoy aquí para deciros cómo debéis comportaros todos. Y como soy el tipo más duro, y tengo a mi servicio a estos hermanos igualmente aguerridos, vamos a establecer esta nueva ley, ¿de acuerdo? Y todos tendrán que obedecerla». Y eso hicieron.

Así es como llegamos históricamente a la idea de que hay *leyes* de la naturaleza, como si un ser poderoso le hubiera ordenado a la naturaleza qué hacer. «Y Dios dijo: "Hágase la luz", y la luz fue hecha. Y Dios vio que la luz era buena, y separó la luz de la oscuridad.» Fue una orden: un mandamiento a la naturaleza, dictado por el propio Dios. La búsqueda de las leyes de la naturaleza se asemeja a la búsqueda de la verdadera comprensión de la palabra de Dios, que creó el universo a partir del aliento de su boca. «En el principio fue el Verbo, y el Verbo era con Dios, y el Verbo era Dios.» Pero ¿qué es el Verbo?

Si conociéramos la palabra de Dios, obraríamos una magia insólita. Por esa razón el nombre de Dios en la Biblia solo puede pronunciarse una vez al año, y solo puede hacerlo el sumo sacerdote del Sanctasanctórum. En realidad, desconocemos la pronunciación del nombre –que se confundió en la traducción–, por lo que solo disponemos de una combinación de consonantes y vocales que conocemos como *Jehová*. Sin embargo, Jehová tan solo es una forma amable de decir lo que no puede ser decirse. Aquel que conoce el verdadero nombre de Dios se inviste de un poder inconmensurable: el poder divino.

Esta es la razón por la que todas las formas antiguas de magia se basan en el conocimiento de los nombres de Dios. En el islam se dice que Dios tiene cien nombres, pero que la gente solo conoce noventa y nueve. Se supone que los camellos tienen noticias del último nombre, razón por la cual se pasean con un aspecto tan altanero. También he oído que los integrantes de las supuestas tribus primitivas son reacios a revelar sus nombres, porque cuando alguien conoce tu verdadero nombre, puede pronunciarlo y adquirir poder sobre ti.

Tal vez parezca una idea ridícula, pero en la ciencia ha ocurrido exactamente así. La ciencia occidental es, esencialmente, el conocimiento de los nombres, y en sí mismo eso es una forma de magia. Comprender las leyes de la naturaleza significa comprender las palabras que subyacen a los fenómenos, y eso implica la capacidad de alterarlos: uno de los rasgos distintivos de la magia. La excepción aquí consiste en que últimamente los científicos se han vuelto más sofisticados y han descubierto que la palabra sobreviene después del propio acontecimiento. Es decir, «en el principio» *no fue* el verbo. A menos que consideres la idea hindú según la cual el habla es la base de la creación, pero con ello se refieren a la vibración, al sonido, ¿entendéis? Se nos dice que si realmente somos capaces de sumergirnos en el sonido, comprenderemos el misterio de todas las cosas, porque ese misterio es, esencialmente, energía vibratoria: algo tan sencillo como aparecer y desaparecer. La vida y la muerte: la primera es *aparecer*, la segunda es *desaparecer*. Y necesitas una para conocer la otra. Así, afirman que las raíces que encontramos en el sánscrito no son únicamente los elementos básicos del lenguaje: constituyen los propios fundamentos de la vida.

El pensamiento lo hace así

Por lo tanto, creamos el *mundo* a partir del *verbo*. Tal vez no seamos muy conscientes de actuar de este modo, pero nuestra forma de pensar determina nuestras reacciones básicas a todo lo que encontramos y percibimos. Como Hamlet dice a Rosencrantz y Guildenstern: «Nada hay bueno o malo, sino que el pensamiento lo hace así».

El pensamiento lo hace así, y pensar es una conversación en el interior de nuestra cabeza. Así es como construimos todo tipo de ideas extrañas; por ejemplo, cuando decimos cosas como «Bueno, un día tendré que morir». ¿Por qué *tener que* morir? ¿Qué queremos decir con eso? ¿Cuál es el contenido emocional de esa expresión? En este caso, significa que la muerte será una realidad impuesta contra mi voluntad. Esta sentencia concreta –«Un día tendré que morir»– se enuncia pasivamente, como si en el futuro me obligaran a hacerlo. Pero solo seré obligado a morir si estoy luchando contra ello. Pero ¿y si quiero morir? Supongamos que me suicido.

Podemos considerar la muerte bajo un ángulo completamente distinto. Por ejemplo, podríamos decir «Bueno, un día contraeré una enfermedad y, como consecuencia de ella, moriré». Aquí adoptamos una actitud activa. Soy partícipe. En este caso contraer una enfermedad es algo que realizo yo mismo, como cuando doy un paseo. Sin embargo, hacemos nuestra la extraña idea de que la muerte no va a suceder; hemos dispuesto nuestros pensamientos para creer que no vamos a contraer una enfermedad. Incluso la vejez es algo en lo que no debemos quedarnos. Simplemente, hemos de seguir adelante.

Afrontamos el problema de una vida que se divide en dos partes: las cosas que hacemos y las cosas que nos suceden. Por esta razón, los occidentales acostumbran a malinterpretar el karma y a hablar de él como si todo lo malo que le ocurre a una persona fuera un castigo por su mala conducta en vidas anteriores. Esto es absurdo. El karma significa, simplemente, *tu obra* o *tu acción*; no es una especie de castigo que recibimos pasivamente de una fuente externa. Si comprendes el karma y reconoces que todo cuanto te acontece en realidad es obra tuya, entonces no se trata de mal karma. Solo es un verdadero mal karma si nos negamos a admitir que somos responsables; por ejemplo, si culpamos a alguien o algo o hablamos del karma como de una realidad misteriosa y sobrevenida.

¿Y qué tiene esto que ver con nuestra idea occidental en relación con las leyes de la naturaleza? Tengamos presente que se nos ha dicho que el mandamiento de Dios es el fundamento de todo cuanto acontece en el mundo actual. Al mismo tiempo, la ciencia contemporánea fomenta una idea completamente nueva respecto a las leyes de la naturaleza, según la cual esas presuntas leyes no existen en un sentido real. Es evidente que el universo se encarga de llevar a término todos estos procesos, pero las llamadas *leyes* dependen enteramente de los cerebros humanos orientados a atribuirles un sentido.

Una forma de atribuir sentido se explicita en el principio de regularidad, algo que nos resulta muy relevante. Pensemos en un reloj, por ejemplo. Un reloj marca regularmente; el mundo no. De forma inoportuna, la Tierra no gira alrededor del Sol exactamente en 360 días, un hecho que ha irritado a quienes han elaborado calendarios a lo largo de las eras. ¿Cómo establecer un calendario racional? Es imposible. No hay una solución evidente porque la rotación de la Tierra en torno a su eje no se sincroniza exactamente con su traslación alrededor del Sol, por lo que persiste un elemento un tanto extraño e inestable.

Sin embargo, esto no nos impide superponer la figura ideal de un círculo de 360 grados sobre una trayectoria elíptica irregular. Actuar así es como colocar una regla sobre un pedazo de madera y decir: «Este pedazo de madera se puede reducir a 30 centímetros». Sin embargo, los centímetros no existen en la propia madera. Son un método –una técnica– que los seres humanos han inventado para medir cosas. Así es como podemos cortar una tela o el tronco de un árbol. Originalmente comparábamos el tronco del árbol con nuestro propio cuerpo: el tronco equivale a tantos pies o a tantas palmas de la mano extendida. En los países anglosajones, una pulgada equivale aproximadamente a la longitud de la articulación de un dedo. Nuestro cuerpo suele tener una forma regular –cinco dedos en la mano, diez dedos sumando ambos pies– y, estirándonos y aplicando esa regularidad a la naturaleza, creímos poder medirla.

Este es precisamente el tipo de medida que encontramos en relación con nuestras leyes de la naturaleza. Una ley de la naturaleza es exactamente lo mismo que una regla: una forma de pensar que nos permite controlar nuestro entorno observando lo que percibimos como regularidades, aplicando un cálculo, y conjeturando que el entorno será igualmente regular la próxima vez. Y lo más probable es que así sea. Si el entorno se comporta de una forma específica en una determinada ocasión, lo más probable es que la situación se repita, y así es como se pudieron predecir los eclipses y las fases de la luna. Estos fenómenos fueron sometidos a medición contando la frecuencia de determinados sucesos.

¿Qué ocurre si somos capaces de establecer este tipo de predicciones? Para quienes no han sido capaces de averiguarlo, es cosa de magia. Puede parecer incluso que la naturaleza obedece nuestras órdenes. Todo lo que tenemos que hacer es anunciar que la luna va a cambiar en un momento determinado, por ejemplo, a partir de cierto número de días entrará en fase creciente. Y la gente creerá que eres el responsable de tal acontecimiento. Así, ciertas predicciones garantizaron una posición privilegiada a determinados individuos, simplemente porque eran capaces de prever el cambio.

Esto es a lo que quiero llegar al afirmar que las leyes de la naturaleza han sido establecidas por la red de seres humanos. Proyectamos las líneas de latitud y longitud de las coordenadas celestes, pero estas líneas no existen; apenas son una forma de medir la posición de las estrellas, que tras un examen más detenido aparecen diseminadas de una manera que puede resultar confusa. ¡Intentemos recordar y memorizar ese caos! Por consiguiente, alguien inteligente decidió superponer una red esférica en el cielo de acuerdo al principio del círculo: 360 grados. Así obtenemos una maravillosa y regular red de cuadrantes que podemos numerar.

Sin embargo, la propia red nunca ha estado ahí, ¿verdad? Y tampoco las formas de las constelaciones: aquel grupo de grandes estrellas se asemeja a un carro, aquel conjunto parece un cinturón, aquel otro parece adoptar la forma de una cruz y, a la izquierda, hay un grupo de estrellas que, si forzamos mucho la analogía, puede parecernos una virgen (cúmulo de Virgo). Todas estas líneas imaginarias que parecen unir las constelaciones son nuestra forma de proyectar un patrón en esta vasta y gloriosa confusión para poder recordarla y cartografiarla. Pero es evidente que, si observamos estos grupos de estrellas desde una posición distinta en la galaxia, todas estas constelaciones y grupos se desvanecerán. Tendríamos que inventar otros nuevos, porque el lugar que ocupan las estrellas no es estático. Depende de nuestro punto de vista.

Así es como explicamos la naturaleza con nuestros cerebros extraordinariamente simétricos. Somos nosotros los que introducimos la ley en el mundo. La inventamos. En latín, la palabra *invent* significa «descubrir», pero no descubrimos nada ahí afuera. Al inventar las leyes de la naturaleza, descubrimos algo acerca de nosotros mismos, es decir, acerca de nuestra pasión por la regularidad, por la predicción, por mantener las cosas bajo control.

Todo es contexto

Volvamos a la analogía del billar. Si observamos una partida, descubrimos que el taco golpea la primera bola, y esa bola se desplaza y golpea a otra, que a su vez impacta con una tercera, y así sucesivamente. Podemos observar la secuencia y explicar el comportamiento de la bola final que cae en la tronera en términos causales: la acción es una cadena de acontecimientos racionales que empezó con el primer golpe de taco.

Así es precisamente como la mayor parte de la gente concibe el mundo en el presente, como una realidad que acontece a través de los procesos mecánicos de causa y efecto. Tal vez admitan que la imagen de conjunto es más compleja, pero seguirán aduciendo que, si pudiéramos conocer y rastrear todos los factores implicados, descubriríamos que cualquier conducta o acto singular es el resultado ineludible de una serie de bolas que chocan unas con otras, y que los átomos o las partículas atómicas fundamentales predispusieron que un acontecimiento específico se desarrollara tal como ocurrió. Técnicamente, esto se conoce como relación *catenaria*. Creemos que los átomos funcionan así: como en una hilera de ladrillos o fichas de dominó; si tiramos la primera, el resto irá cayendo sucesivamente. Esto es una secuencia catenaria.

Sin embargo, a físicos y biólogos cada vez les resulta más evidente que esta no es una descripción suficiente de la influencia recíproca de los diversos acontecimientos. Hay otra forma, muy diferente, de describir las relaciones. La palabra *reticular* procede de la palabra en latín que significa «red» o «semejante a una red». Aplicada a las relaciones, la reticulación significa que no podemos atribuir un determinado evento a uno o varios sucesos previos en una cadena causal, sino que la relación entre el pasado y el presente –así como la relación entre el presente y el futuro– tiene que tomarse en consideración antes de comprender realmente un determinado acontecimiento.

Digamos que dejo caer una pelota y esta rebota. En realidad, podríamos considerar que en este acto tienen lugar múltiples acontecimientos, pero consideremos, en aras del argumento, que se trata de uno solo. Podría decir que dejo caer la pelota, que esta obedece a una ley particular de la naturaleza conocida como gravedad y que, en consecuencia, llega hasta el suelo. Y como está hecha de goma y tiene aire en su interior, rebota y desobedece levemente a la gravedad durante unos instantes.

Sin embargo, no basta con describir la secuencia histórica de acontecimientos que produce el rebote de la pelota, como si se tratara de una serie de causas y efectos dispuestos en una cadena a lo largo del tiempo. En realidad, todo depende del contexto actual: para empezar, de la densidad del aire. Para que yo deje caer la pelota han de coexistir una multitud de elementos, entre ellos los materiales y las personas implicados en su fabricación. Así, todo lo que acontece no puede considerarse como un mero fenómeno histórico; también debe considerarse en un contexto.

> *{ La idea de una cosa o de un acontecimiento*
> *aislado en la naturaleza... es una idea*
> *puramente abstracta que no encaja*
> *en absoluto con los hechos naturales. }*

La mayoría de las personas saben que el contexto es de una importancia trascendental. No solo es importante *cuándo* sucede algo, sino también *dónde* sucede; es decir, en *qué escenario*. En mis venas la sangre circula en un determinado escenario, pero en un tubo de ensayo ese escenario difiere por completo. Mi sangre no se comporta igual en mi organismo y en el tubo de ensayo. Es completamente diferente.

De un modo análogo, en un determinado ambiente social nos comportamos de una forma y de una manera completamente diferente en otro escenario. Yo era un tipo de niño en casa, con mis padres, y un niño completamente distinto cuando estaba con mis tíos, y asumía otra identidad en las relaciones con otros niños de mi edad. Cambiaba en función del escenario en el que me encontraba, como hacen la mayor parte de los niños y los adultos.

A pesar de esta realidad, se nos dice que hemos de ser una persona coherente, aunque no lo somos. A medida que crecemos, se nos machaca con la idea de que debemos encarnar una personalidad uniforme, como un personaje de novela que ha de conservar su coherencia a lo largo de la narración para resultar creíble. ¿Quién se comporta igual indefinidamente? Actuar así en diversas circunstancias y en compañía de personas distintas no equivale a coherencia: significa que nos hemos vuelto rígidos e inflexibles.

Todo depende del contexto en el que se ubica cada cosa. Todo lo que diferenciamos depende de su relación en red con todo lo que acontece. En efecto, la propia noción de una cosa o un elemento aislado en la naturaleza –como la idea de relaciones causales entre diferentes cosas o acontecimientos– es una idea puramente abstracta que en modo alguno se ajusta a los hechos naturales. En la naturaleza no existen acontecimientos independientes. Nada ocurre de forma aislada: tocarnos la cabeza, sostener la mano del otro, mirar las estrellas, respirar; nada.

Evidentemente, a nuestro alrededor vemos todo tipo de movimientos –colores de toda especie e innumerables formas y figuras–, pero ninguna de ellas constituye una realidad independiente. Hablamos del interior y del exterior como si fueran aspectos autónomos, pero nada los separa en realidad. Intente hacerlo con su piel: el interior y el exterior se alían para crear la realidad única de la piel. No hay afuera, no hay adentro.

Otro tanto ocurre con la respiración. La situación física de mi cuerpo que inhala y exhala es imposible sin la circunstancia externa del aire para respirar. No podemos verlo, pero el aire nos rodea, de modo que apenas le prestamos atención, a no ser que su naturaleza se altere repentinamente, como en el caso de un vendaval. Y podremos señalar ese cambio a otra persona –la súbita agitación exterior– y decir: «Ey, mira *eso*». Y esa persona sabrá lo que quieres decir con *eso*, porque *eso* es algo a lo que apunta tu dedo. Es diferente y peculiar en relación con otras cosas.

La idea de un elemento o acontecimiento aislado deriva de este proceso. Hablamos de un *eso*. Sin embargo, cada *eso* que se manifiesta a nuestro alrededor no es una realidad desconectada: acontece en relación con otras cosas. Mi interior forma parte del exterior, mi respiración forma parte del aire, y la situación en la que el lector lee o escucha estas palabras es un complejo *devenir*.

Formar parte

Esta es la idea fundamental que expreso en estas páginas: la idea de *formar parte*. A partir de esta idea podemos empezar a construir y comprender la noción completa de redes, cuyos principios son difíciles de entender, sobre todo para quienes hemos crecido hablando lenguas occidentales y pensando en términos occidentales. Dicho esto, nos resulta posible pensar en redes por medio de las lentes de la relatividad y la relación.

Digamos que estás ahí sentado siendo exactamente el tipo de persona que eres, tal vez un poco neurótico, quizá algo feliz, acaso un tanto enfermo físicamente, o un poco avergonzado de ti mismo por una u otra razón... Simplemente, estás ahí siendo aquello que eres, tal como eres. Independientemente de lo que signifique para ti –independientemente de tu situación personal–, esa experiencia forma parte del resto del universo. La parte trasera forma parte de la delantera, el interior forma parte del exterior, y aquello que tú eres forma parte de la manera en que se manifiesta el resto del ser infinito.

Sin embargo, tal vez pienses que la forma en que se manifiesta el ser infinito es lo que determina lo que eres o, al contrario, quizá creas que tú eres lo que determina la estructura o patrón de un universo más amplio: condicionas o eres condicionado. Lo examinaré con más detalle más adelante. Por ahora, solo diré que el argumento de esta dicotomía es absurdo: no se trata de dilucidar qué controla qué. Todo se da al unísono. El universo y tú sois un único acontecimiento. Como Pierre Teilhard de Chardin escribe con palabras célebres en *El fenómeno humano*, el universo en su conjunto es el único átomo verdadero.[1] En otras palabras, el universo es un único todo verdaderamente indivisible.

A los occidentales les resulta especialmente difícil comprender esta idea. Una de las razones por las que es complicado para nosotros asimilar que todo lo que somos resuena con el resto del universo se debe a que recibimos mensajes contradictorios en relación con nuestra naturaleza. Por un lado, se supone que hemos de ser una persona coherente; por otro, también hemos de mejorar y cambiar. Por una u otra razón, hemos de ser diferentes o mejores de lo que en realidad somos.

Nos repetimos este mensaje unos a otros, la televisión nos transmite esta misma idea y nos bombardean con todo tipo de anuncios que apuntan en el mismo sentido. En la actualidad, el mundo está lleno de gente que se gana la vida con sus métodos: métodos que nos enseñan a crecer, a evolucionar, a cambiar en una determinada dirección. Previo pago, por supuesto. Todos comparten cierta versión de «¡Mira! Tengo este importante programa o escuela. Deberías venir y estudiar conmigo». El método tal vez no sea originalmente suyo –tal vez pertenezca a algún célebre sabio, a un erudito o a alguna autoridad espiritual–, pero, en última instancia, carece de importancia. Lo importante es hacerte consciente de que tienes que cambiar, y eso significa que debes matricularte en un curso específico y, por lo tanto, pagar.

He recibido todo tipo de opiniones respecto a qué debo hacer con mi vida; por ejemplo, lo que tengo que hacer para ponerme en forma. Media de hora de práctica de yoga, una hora de zen, ejercicios para mejorar mi memoria, una dieta especial para asegurarme una nutrición correcta, etcétera. Si siguiera todos los consejos recibidos, me pasaría todo el día ocupado en prepararme para la vida. Y si reflexiono sobre ellos, pienso: «Dios mío..., todo ese proyecto no merece la pena».

Evidentemente, recibimos versiones sutiles de estos mensajes. Algunos expertos nos dirán que hemos de escoger una sola cosa. «Estás confuso», nos dirán. «Entonces concéntrate en una sola cosa.» Y si no estás seguro de qué elegir, ellos te informarán de qué creen que es mejor y más adecuado para ti. Así es precisamente como la gente se siente atraída y atrapada por los fanáticos religiosos; se les muestra el camino correcto, independientemente de lo que esto signifique.

Quiero dejar claro que yo no ofrezco nada semejante. No tengo intención de venderte un sistema o un programa. No dispongo de una receta mágica que implique, por ejemplo, la realización de un ejercicio especial cada mañana, durante cinco minutos, ni nada por el estilo. Mi único propósito es liberarte de todo ello. Idealmente, acudirás a un seminario o leerás un único libro y nunca volverás a tratar conmigo. No es el mejor modelo de negocio, pero en lo que respecta a mi sustento, ahí fuera siempre hay personas lo suficientemente insensatas como para prestarme atención.

En todo caso, no debería tener que ver conmigo; tiene que ver contigo. Y tú eres como una gota de rocío suspendida en una tela de araña multidimensional a la luz del amanecer. Sin embargo, si observamos de cerca esa gota de rocío, descubriremos que refleja todas las demás. Y el aspecto de esa gota se asemeja a la manifestación de todas las otras, ¿comprendes? Cada una ostenta su propio brillo particular, en función de su peculiar ubicación en el cosmos, y el reflejo de toda la red en cada gota de rocío es ligeramente diferente. Sin embargo, la red en su conjunto –es decir, todas las gotas juntas– depende de cada gota individual, así como cada gota individual depende de todas las demás.

Por lo tanto, esta es la situación que estamos viviendo. En un primer momento, esta reciprocidad puede desafiar nuestra lógica, porque aunque nos resulta fácil comprender que dependemos del universo –después de todo, necesitamos luz del sol, aire, agua, unos padres y ese tipo de cosas–, es más difícil comprender en qué sentido el universo nos necesita a nosotros. No hemos aprendido que la relación de la red es completamente mutua: se aplica en ambas direcciones. La red depende de ti y tú de ella.

Tu cerebro transforma las vibraciones del aire en sonido. Tú conviertes la actividad del sol en luz. Eres tú quien transmuta los procesos del aire en el cielo en el color que llamamos azul. El azul no existe por sí mismo: solo se da en tu cerebro. Si golpeas un tambor y este carece de parche, no emitirá sonido alguno. Es el parche el que evoca el sonido a partir de la mano o las baquetas. Sin parche, no hay sonido.

Así como la gota de rocío refleja todo lo demás en la red, tú reflejas todo lo que acontece en el universo. Gracias a la constitución del tipo de reflector que encarnas, evocarás lo que llamamos *sol, luna* y *estrellas*. Incluso las *nebulosas*. El propio espacio solo es vasto en relación contigo. La vastedad no significa nada en sí misma; requiere de tu participación y de tu percepción. Desde otras perspectivas, el espacio entre ellas puede ser minúsculo, o la distancia entre dos vellos en tu brazo podría resultar sumamente inmensa.

Una vez más, el principio esencial que quiero transmitir aquí es la idea de formar parte. El universo que te rodea es tu exterior, del mismo modo que los órganos que hay por debajo de tu piel constituyen tu interior. Formas parte del universo tal como el tallo forma parte de la raíz, o el pistilo forma parte del estambre, o el Polo Norte está vinculado al Polo Sur. El principio de relación lo gobierna todo. En realidad, no debería decir *gobierna*. A veces tenemos que usar palabras lastradas para aproximarnos a lo que queremos decir. Tal vez *subyace* es una mejor opción. La relación *subyace* a todo.

Quiero repetir que el gran universo no controla o determina al pequeño individuo, así como el individuo no impulsa al universo. No es una cuestión de control; es una cuestión de danza. Tiene que ver con *qué sucede* y no tanto con *qué hace que suceda*. Las cosas no están hechas para suceder. Solo pensamos así si insistimos en que un determinado acontecimiento es independiente, y entonces argumentamos que la secuencia de eventos previos hizo que sucediera de determinada manera. Sin embargo, así ignoramos la importancia del contexto.

Si somos conscientes de que todo forma parte de un acontecimiento –que todo es una fase o un aspecto diferente del mismo acontecimiento–, entenderemos que simplemente sucede. No descubrimos un agente impulsor del acontecer. Como dicen los taoístas, todo está interrelacionado y, por lo tanto, podemos observar patrones en la actividad del todo. Existe un orden en ello: el orden de la red.

Cada cuadrícula o nudo de la red contribuye a mantener el orden superior. Cada puntada lo mantiene todo unido: si una se afloja, todo el conjunto se deshace. El budismo enseña que todo está mutuamente condicionado por todo, e incluso el cristianismo tiene el símbolo de la Sagrada Trinidad, con los tres anillos entrelazados. Si eliminamos uno de los anillos, el símbolo pierde su sentido. Una estrella o un planeta determinado parece moverse y operar por sí mismo, pero su comportamiento solo tiene sentido si examinamos la situación global de interdependencia.

Si en todo el universo solo existiera una estrella, no se le atribuiría ningún movimiento. Ni siquiera podríamos afirmar que permanece inmóvil. Nadie podría describir su actividad porque no existiría nada con la que relacionarla. Pero si hubiera dos estrellas, podríamos observar cómo se acercan o se alejan entre sí, aunque no podríamos establecer cuál de las dos se mueve. Necesitamos tres estrellas para establecer ese juicio: dos de ellas podrían estar más cerca entre sí en relación con la tercera, que daría la impresión de alejarse de la pareja. Pero las dos estrellas podrían alejarse al unísono. O bien sería: «¡Eh! No nos gustas, nos vamos de aquí» o «¡Eh! ¿Por qué no me queréis? ¿Por qué os marcháis?». ¿Cómo decir quién tiene razón? Necesitamos una cuarta estrella como árbitro. Dos estrellas solo pueden moverse en línea recta una respecto a la otra; tres estrellas pueden desplazarse en un plano en relación con las demás; hace falta otra estrella para establecer una dimensión objetiva. Pero entonces se presenta otra duda: ¿cuál es la cuarta estrella?

{ Todo lo que forma parte del funcionamiento
del todo es legítimo. }

Por lo tanto, este es el principio básico sobre el que se erige todo el universo. El movimiento depende de la comparación con algo que permanece relativamente inmóvil. No puede haber ningún movimiento sin comparación.

Así, cada individuo contiene todo lo que acontece en el universo. Con ayuda del láser, podemos fotografiar un pequeño fragmento de un negativo fotográfico y a partir de ese diminuto fragmento reconstruir la imagen de mayores dimensiones a la que pertenece, porque las tensiones cristalinas en ese determinado fragmento contienen el contexto global de las tensiones cristalinas que pertenecen a ese negativo en concreto. Exactamente del mismo modo, cada uno de nosotros, en tanto individuos, contenemos el mundo y, recíprocamente, el mundo nos contiene. Somos formaciones naturales. No estamos determinados por el universo: nos movemos en él y con él tan armoniosamente como las olas en el océano, como las hojas en el árbol, como las nubes en el cielo.

No acusamos a las nubes de cometer errores estéticos. Desde esta misma perspectiva, todos los seres humanos son formas perfectas de la naturaleza. Podemos establecer refinadas distinciones respecto a quién es hermoso y quién es feo, diferenciaciones metafísicas en relación con quién está enfermo y quién sano, o albergar un discernimiento moral sobre quién es bueno y quién malvado, pero se trata de puntos de vista: todos ellos relativos. Todo lo que forma parte del funcionamiento del todo es legítimo. Por consiguiente, incluso tus puntos de vista relativos son legítimos, pues ellos también forman parte de la naturaleza.

La clave es vivir en múltiples niveles a la vez. Si somos capaces de hacerlo, descubriremos que no hay errores. Todo se mueve de acuerdo al Tao, el curso de la naturaleza. Y si observas ese sentimiento básico, la sensatez habitará en ti. Al mismo tiempo, podemos elegir participar de un punto de vista más restringido, en el que las cosas son buenas o malas, tal como en una habitación determinada podemos establecer un *arriba* y un *abajo*. Sin embargo, también hemos de saber que en cualquier zona específica en realidad no hay arriba ni abajo; simplemente se trata de términos relativos.

Estos dos puntos de vista no se contradicen entre sí. Sin embargo, si únicamente asumimos el punto de vista discriminador –es decir, que existe una diferencia fundamental entre el bien y el mal–, haremos nuestro el complejo cristiano. Esta diferencia básica deriva en la construcción de un cielo y de un infierno eternos, y la distinción entre ambos no podría ser más radical. Y el resultado de esa creencia es una enfermedad conocida como culpa crónica, una de las emociones más destructivas que cualquiera pueda padecer. Acabarás sintiéndote como un marginado del universo, enfrentado a la realidad y al propio Dios. Esta actitud enloquece a la gente y es responsable de buena parte de la necedad de la civilización occidental.

Esto no equivale a decir que no exista una distinción importante entre el bien y el mal; tan solo implica que esa diferencia no es fundamentalmente decisiva en un marco más amplio. Hemos de aprender a admitir diversos grados de importancia; no podemos decir que una distinción carece de importancia por no ser absoluta. Después de todo, tu propia constitución física no es absoluta, pero es inequívocamente relevante.

Dispones de un organismo psicofísico. Al mismo tiempo, estás integrado en la actividad del universo. En su mayor parte, considero que la astrología moderna es una seudociencia, pero en la práctica de esbozar un mapa del alma de una persona en correlación con un mapa del universo hay una verdad significativa. Tal vez sea una imagen rudimentaria, pero es el dibujo de la individualidad de esa persona.

Tu alma es aquello que contiene tu cuerpo. Tu cuerpo no alberga el alma en su interior, como a una especie de fantasma.

Todo el cosmos es tu alma. El cosmos te moldea en el punto que conoces como el aquí y el ahora. Recíprocamente, tú das forma al universo; uno depende del otro. En tanto occidentales, experimentamos dificultades a la hora de asumir simultáneamente estas ideas diversas porque durante muchos siglos nos han lavado el cerebro con dos abyectas y contrapuestas teorías sobre nuestra naturaleza. Por un lado, se nos ha dicho que somos pequeños súbditos, miserables y desobedientes, de un rey eterno. Por otro, se nos ha inculcado que somos un mero aglomerado fortuito de átomos en un mecanismo irracional de una vastedad atroz. Tras alimentar estas dos teorías durante largo tiempo, somos incapaces de entender que tanto nosotros como el universo mantenemos una relación causal mutua o –utilizando una expresión china– nos sometemos a una generación recíproca.

Qué significa la inteligencia

El occidental medio, cuyo sentido común y cuya perspectiva del universo deriva de las filosofías y el pensamiento científico en boga en el siglo XIX, se enfrenta a un obstáculo significativo. Por un lado, la organización del universo era supuestamente inteligente y reflejaba el teísmo dominante, que representaba antropomórficamente a Dios como a un anciano caballero barbudo que habitaba el cielo. Por otro lado, se nos dijo que ese Dios estaba irremediablemente muerto.

¿Qué significa esto en términos de un universo inteligente? Empecemos con la palabra *inteligencia*, que resulta difícil de describir. Es como la palabra *amor*; parece que todos sabemos lo que significa, pero intentemos definirla. Otro tanto ocurre con los términos *tiempo* y *espacio*.

Ahora bien, hay ciertos elementos de la inteligencia en los que la mayoría estaremos de acuerdo. Probablemente incluiremos la complejidad como uno de esos elementos, entendiendo que la complejidad es un sistema ordenado de diferentes categorías de sutileza. Pero esto nos plantea otro reto: ¿qué queremos decir con *ordenado*? Con esta palabra específica, ¿estamos insinuando que todo está en orden, como si hubiera sido inteligentemente dispuesto?

Utilizamos muchas palabras imprecisas. Las reconocemos cuando aparecen, pero no estamos seguros de su significado y no lo pensamos más. ¿Y si empezamos con la hipótesis de que nosotros somos inteligentes? También podríamos haber abrazado ese supuesto porque si no somos inteligentes, entonces nada lo es. Por lo tanto, siguiendo adelante, pongamos por caso que afirmamos que los seres humanos somos, de hecho, inteligentes. Ahora bien, si esto es cierto, de ahí se deduce que el entorno en el que vivimos también debe ser inteligente, porque somos síntomas de ese entorno. Una cosa va con la otra. Te costará convencerme de que los síntomas inteligentes son posibles en una organización carente de inteligencia.

Pertenecemos a este mundo. No hemos llegado aquí procedentes de otro lugar. En este universo, no somos turistas: somos expresiones del universo, así como las ramas y los frutos son expresiones de los árboles. En ningún lugar encontraremos organismos inteligentes viviendo en entornos no inteligentes. El entorno en el que vivimos es un sistema de cooperación mutua entre varios organismos –una vasta complejidad de diferentes tipos de organismos– y el equilibrio total de todo ello hace posible nuestra vida. Empezando desde abajo, la vida humana forma parte de un mundo bacteriológico de extremada complejidad que en ocasiones nos enferma, pero que en gran medida nos ayuda con sus colonias, sociedades y métodos de reproducción. Nuestra sangre y nuestras venas, huesos e intestinos dependen de ese mundo, y eso si solo atendemos al nivel bacteriológico.

Los insectos también son tremendamente importantes para nosotros. Si hablamos con un entomólogo instruido, nos hará entrar en pánico al revelar cierto número de razones concluyentes por las que los insectos heredarán la Tierra. Entretanto, no estamos del todo dominados por las moscas, porque existe un número suficiente de arañas para mantenerlas a raya. Y hemos de considerar los pájaros y las flores. Los pájaros e insectos se necesitan entre sí, así como las flores y los insectos, especialmente las abejas. Su aspecto es diferente, pero desde cierto punto de vista podríamos decir que las flores y las abejas son aspectos diferentes del mismo organismo porque unas no podrían existir sin las otras. En esta mezcla interdependiente, si introducimos las complejidades de las cualidades atmosféricas y otras, pronto nos daremos cuenta de que lo que llamamos cuerpo y cerebro están profundamente implicados en esta red de otro tipo de organismos.

No encontramos huevos sin gallinas, ni gallinas sin huevos; en cierto sentido, una gallina es la forma que tiene el huevo de transformarse en más gallinas y huevos. Todo va de la mano, pero a los occidentales nos cuesta entenderlo porque estamos fundamentalmente comprometidos con el uso de un método analítico de percepción que subraya aspectos particulares del mundo. Por otra parte, solo atribuimos nombres y símbolos a aspectos del mundo que consideramos significativos, y existen muchos otros elementos del universo que ignoramos por completo. Los niños pequeños señalan y preguntan «¿Qué es esto?». Pero no les respondemos a menos que reconozcamos lo que perciben y lo consideremos importante. ¿Con qué palabra podemos designar un espacio seco? ¿Cómo llamamos a la superficie interior de un tubo? ¿Por qué los inuits tienen muchos nombres para la nieve y los aztecas empleaban un mismo término para la nieve, el granizo y el hielo?

Nombrar aquellas cosas que consideramos importantes implica aislarlas como entidades separadas. Pero solo están separadas de forma puramente teórica y solo porque lo establecemos así: en realidad no son independientes material o físicamente. Es muy importante ser consciente de este hecho porque cuando no lo somos incurrimos en las mayores necedades. Intentamos resolver los problemas atacando los síntomas de esos problemas, como en el intento de eliminar los mosquitos. Olvidamos que los mosquitos forman parte de determinado tipo de entorno, y que al matarlos estamos alterando ese ecosistema; por ejemplo, acabamos por matar a las criaturas que dependen de los mosquitos para su existencia.

Por la misma razón, antes de inyectar medicamentos en el organismo humano o alterarlo con ciertas operaciones, debemos estudiar el cuerpo en gran detalle o nos arriesgamos a infligir consecuencias perniciosas o impredecibles. También hemos de examinar minuciosamente la ecología de una zona antes de implementar la agricultura, y resulta fácil entender que no actuar así provoca resultados devastadores. Y a fin de superar nuestro característico sentimiento de hostilidad hacia el mundo exterior y dejar de conquistar la naturaleza con excavadoras y el espacio con cohetes, tenemos que comprender que el universo somos nosotros mismos, tanto como lo son nuestros cuerpos. Tenemos un cuerpo interior y un cuerpo exterior, y los dos son inseparables. Esta indisociabilidad debería frenar a todos los tecnólogos, ya que probablemente no deberíamos afrontar una situación específica con penicilina y DDT sin conocimiento de causa, porque ¿cómo sabremos cuándo parar? Sin saberlo, podríamos estar discriminando el excedente de un determinado aspecto –por ejemplo, los grillos o la flora estomacal– y en consecuencia tener que fomentar un nuevo crecimiento poblacional o arriesgarnos a las consecuencias.

Esta es la razón por la que los taoístas enseñan el *wu wei*. Viene a significar algo así como «no interferencia», en especial en lo que atañe a la naturaleza y a la política. Se acerca a nuestro concepto de *laissez-faire*, pero no del todo, porque los taoístas entienden que actuar en la naturaleza es inevitable; no podemos aislarnos totalmente del mundo. A cada aliento que damos, interferimos en algo. El arte del *wu wei* consiste en que, al interferir, hemos de procurar no oponer resistencia. Al cortar madera, conviene seguir la dirección de la veta. Si alguien te ataca, utiliza el judo; la violencia de la otra persona provocará su caída. Análogamente, navegar respeta el *wu wei*, remar no.

A diferencia de lo que ocurrió en Occidente, los taoístas consideraban el cosmos como un vasto organismo universal que no obedece a una deidad. En la filosofía china no hay una figura que produzca el mundo u ordene su aparición. No existe un principio central y no hay nada que emita órdenes a las partes subordinadas. Por el contrario, todo se organiza, con inteligencia, por sí mismo.

{ ¿Qué cambiarías si fueras Dios? }

Este es el principio de *ziran*, que significa «por sí mismo» o «lo que es en sí mismo». Para los taoístas, todo el universo es un sí mismo, un sistema autorregulado, y el individuo no es simplemente una parte de ese organismo de mayores dimensiones, sino la expresión del todo. Y, como he expresado en otra parte, el todo depende de su expresión particular, así como la expresión depende del todo. El término japonés *jijimuge* también recoge este principio de interdependencia mutua.

Sin embargo, al observar la imagen de conjunto, resulta un tanto enigmática, y se nos despiertan todo tipo de objeciones a la hora de considerarla *inteligente*. Podemos pensar en ciertas mejoras, como si gracias a cierta ciencia consciente pudiéramos reconstruir el universo y eliminar la necesidad de mosquitos o reorganizar el cuerpo humano de forma óptima. No hace falta decir que añadir nuestras mejoras tendría otras consecuencias, y probablemente no disfrutaríamos de todas ellas. De ahí el dicho «Ten cuidado con lo que deseas».

¿Qué cambiarías si fueras Dios? ¿Qué tipo de universo diseñarías? Conviene pensarlo de vez en cuando. Soy de la firme opinión de que, si se nos exigiera dar forma a nuestro propio universo y observar los resultados, acabaríamos por establecer el modelo exacto que todos conocemos. Todos estos principios fundamentales –vibración, energía y el equilibrio del yin y el yang de los elementos positivos y negativos– configuran este modelo, algo que resulta increíble.

Aun así, experimentamos dificultades para concebir el universo como un organismo inteligente. Los físicos han elaborado mapas para describir el comportamiento de los núcleos que incluyen partículas rotacionales u ondas-partículas, que parecen más matemáticas que los organismos vivos porque esperamos que un organismo tenga un aspecto viscoso, con carne, sangre y todo lo demás. Si observamos con el microscopio, no veremos el organismo, pero al observar en la otra dirección, al resto del universo, nos descubrimos aquí, sentados y desplazándonos en uno de esos electrones. Una de las razones por las que nos resulta difícil formular la idea de que existe una inteligencia operando aquí se debe a que todo lo que somos capaces de percibir son fuegos artificiales: el gran espectáculo del gas radiactivo. Gran parte escapa a nuestra inspección consciente, y no podemos ver el diseño total.

Por lo tanto, cometemos el error de concebir el universo como una especie de artilugio y pensamos en nosotros mismos como en una realidad que ha llegado a existir por accidente. Es gracioso que nos despreciemos diciendo que somos fortuitos, una suerte de accidente químico acontecido en una roca insignificante que orbita en torno a una estrella menor en el borde una galaxia sin importancia. Y se supone que eso es lo que somos, y que flotamos en un universo que reacciona con indiferencia ante nosotros. Al mismo tiempo, este miserable y diminuto accidente químico es capaz de reflejar una imagen del vasto cosmos en el interior de su diminuta cabeza, y es consciente de actuar así. Por lo tanto, somos pequeños en tamaño, pero vastos en comprensión. ¿Cuál de estos dos aspectos es más importante?

Si somos capaces de comprender —es decir, desde un punto de vista estrictamente científico— que un organismo individual forma parte de su entorno (las abejas con las flores, las flores con los gusanos, los gusanos con los pájaros, y así sucesivamente), entonces, ¿cómo podemos definirnos a nosotros mismos como lo que ocurre simplemente dentro de nuestra piel? Todo lo que acontece en nuestro cuerpo resuena con todo lo que sucede en el exterior y constituye, por lo tanto, un único

campo complejo de conductas y comportamientos diversifica-
dos. Incluso cuando la consideramos solo desde un punto de
vista físico, la red resulta evidente.

Sin embargo, leer libros de ecología, botánica, zoología,
astronomía y física solo derivará en el tipo de comprensión
teórica de la que estoy hablando. Por sí misma, este tipo de
comprensión no nos llevará muy lejos. Específicamente, no
tendrá un gran efecto en nuestra forma de vivir el día a día.
Ese nivel de cambio exige un conocimiento de una naturaleza emocionalmente más convincente. Si pretendemos cambiar
nuestra forma de actuar en relación con nuestro entorno –por
ejemplo, evitar seguir destruyéndolo como hacemos hasta ahora–, necesitaremos algo más que un conocimiento puramente
teórico.

Conciencia ecológica

El Congreso de Estados Unidos ha aprobado una ley para considerar la quema de la bandera nacional como una ofensa grave.
Este gesto viene acompañado por múltiples discursos patrió-
ticos, mucha retórica y lectura de poemas. Se trata del ejemplo
más delirante de la confusión americana entre símbolo y realidad que cabe imaginar, porque el mismo Congreso es directa
o indirectamente responsable de quemar lo que la bandera representa, es decir, al Estados Unidos geográfico y a su gente.
Se aprueba este tipo de legislación al tiempo que no se hace

nada sustancial mientras los bosques son devastados, el agua y la atmósfera se contaminan y se agotan los recursos naturales, y se difunde un sistema económico que en circunstancias de cordura sería considerado un delirio absoluto. No podemos distinguir entre los símbolos y la realidad porque todos hemos sido hipnotizados por las palabras y los símbolos, una de las razones primordiales por las que el conocimiento teórico no nos llevará muy lejos.

Cuando una bandera es más valiosa que su país, solo podemos afirmar que la locura se ha apoderado de todo. Cuando la gente confunde el saludo a la bandera con amar a su país, cometen un triste error. Amar a nuestro país implica participar en su vida con respeto y consideración, no exterminar a sus criaturas con insecticidas venenosos y otras prácticas nocivas. No entendemos que el mundo exterior no es una cantera de recursos minerales que podemos explotar a voluntad. Para consumir ternera, alguien debe criar el ganado: alguien debe cultivar y ocuparse de las vacas. Lo mismo puede decirse de la pesca. Y como no hemos gestionado correctamente la población de ballenas, ahora están en riesgo de extinción. Este es el precio que pagamos. Si vivimos a costa de los animales, deberíamos cuidar de ellos.

Añadiré un prejuicio específicamente personal. Una de las formas de apreciar a los animales que nos comemos es cocinarlos adecuadamente. Si nuestro objetivo principal es masticar e ingerir lo que supuestamente nos confiere energía y alimento, nuestra actitud revela una relación irreverente con los animales y plantas ahora muertos. Sus vidas merecen nuestra reverencia; sencillamente, esa es la respuesta correcta. Por lo tanto, el acto de cocinar debería parecerse a los rituales de un sacerdote en un altar, y las cocinas no deberían concebirse como laboratorios en los que arrojamos cosas para su mero consumo.

Sin embargo, todo ello requiere una situación en la que los seres humanos sean vivamente conscientes de que el mundo exterior forma parte de sí mismos al mismo nivel que sus cuerpos. Lo que vemos *ahí fuera* no es algo meramente exterior: está en nuestra mente, y nuestra mente está en el mundo exterior. Se condicionan mutuamente. Y el respeto por el mundo exterior exige contemplarlo tal como concebimos lo que hay por debajo de nuestra piel. La mayor parte de la gente considera que un pedazo de madera no es más que un fragmento de materia, pero eso no es lo que piensa un carpintero; al menos, un carpintero muy bueno.

Si tratamos las cosas que vemos *ahí fuera* como realidades insensibles, como bloques de materia inerte, nuestros problemas se multiplican. Volamos las montañas con dinamita porque no las consideramos seres vivos. He visitado a un grupo de indios americanos y me han dicho que un día el continente de Estados Unidos se los sacudirá a todos, como un perro se sacude las pulgas. Las tormentas serán más duras. Los terremotos, incendios e inundaciones serán más devastadores. Las plagas se multiplicarán adoptando todo tipo de rostros, hasta que el continente se libere de nosotros y devuelva la tierra a los pueblos que originalmente la habitaron y que aún saben cómo tratarla con respeto y reverencia.

Cuando explico estas cosas en círculos académicos y científicos, especialmente si tienen que ver con la experiencia mística, soy muy cuidadoso en la terminología que empleo. En efecto, no hablo de *experiencia mística*; más bien la llamo *conciencia ecológica*. Es un término mucho más aceptable en entornos académicos, y equivale más o menos a lo mismo. A la academia no le gusta hablar de misticismo, es evidente; para los académicos es una palabra sucia y asociada a una vaga niebla intangible.

Hasta la fecha, la ecología aún no ha madurado como ciencia. Bueno, tal vez sería más acertado decir que la importancia de la ecología, en tanto ciencia multidisciplinar que estudia las relaciones entre los organismos y su entorno, goza de amplio reconocimiento, pero su existencia en las universidades entra en conflicto con las políticas de los departamentos. La mayoría de las universidades se basan en la antigua idea de que existen distintos departamentos de conocimiento, aunque la clasificación y la relativa importancia de los mismos ha cambiado con el tiempo. Por ejemplo, durante la Edad Media, el departamento de mayor rango era la teología, considerada la reina de las ciencias, tal como la física o la química hoy. Sin embargo, en la actualidad la teología ha perdido su elevado estatus: tal vez exista un departamento de estudios religiosos, pero ocupa una oscura serie de habitaciones en la facultad de filosofía, en sí misma ubicada en la periferia del campus.

Los departamentos académicos nunca han sido entidades fijas durante mucho tiempo. Los departamentos de física y biología alumbraron la biofísica; la biología y la química engendraron la ciencia de la bioquímica; y de la física y la astronomía llegamos a la astrofísica. Y a medida que cambian las formaciones, surgen difíciles consecuencias políticas por la sencilla razón de que los miembros de la facultad y los jefes de los departamentos se muestran celosos por proteger sus puestos. Esto explica por qué cuando se inauguran departamentos híbridos, el *establishment* siempre considera que sus miembros son aficionados. Ocurre exactamente así en el floreciente campo de la ecología, a cuyos especialistas se le dice, hasta la saciedad, que deben tener una formación más sólida en biología, zoología, botánica, bacteriología, etcétera.

Esta acusación es absurda por muchas razones. En el mundo académico, a los estudiantes se les suele pedir que cumplan diversos requisitos previos; es decir, tienen que realizar determinado curso antes de poder acceder al siguiente, según el itinerario pedagógico. Resulta evidente que este planteamiento es, en gran medida, innecesario. A medida que pasa el tiempo, los estudiantes desarrollan la capacidad de absorber conocimientos sin pasar por los requisitos previos, así como la teoría de la relatividad de Einstein es más fácil de comprender hoy que en el pasado distante. No hace falta una prolija demostración en una pizarra, con todo tipo de extraños diagramas: los jóvenes la asimilan más rápidamente. No tienen más dificultades para comprender los principios básicos de la relatividad que las que tuvimos nosotros a la hora de asimilar que la tierra es esférica y no plana. El sentido común cambia con el tiempo, y la necesidad de conocimientos se ajusta por sí sola.

Es obvio que tiene que haber una forma de vincular los departamentos de conocimiento ya consolidados –física, química, historia, antropología, etcétera– que durante largo tiempo han actuado como enormes adoquines. Las pequeñas hierbas crecen siempre entre los adoquines, y el mayor crecimiento del presente se da en los intersticios entre estos departamentos finitos. La ecología es uno de los intersticios más importantes que se me ocurren, porque ahora disponemos de un grado de tecnología jamás visto en la historia, y estamos aplicando el poder de esa tecnología para alterar nuestro entorno. Debemos asegurarnos de que esta actividad no profundice en su destrucción.

En la perspectiva china y japonesa de la naturaleza, no encontramos esta hostilidad entre el organismo humano y su entorno, sino más bien la sensación de ser uno con él, junto al énfasis en la colaboración con la naturaleza. En Occidente carecemos de esta perspectiva matizada. Por el contrario, una escuela de pensamiento parece querer llevar el progreso tecnológico tan lejos y tan rápidamente como sea posible, y en todas partes apreciamos los resultados de este planteamiento; por ejemplo, así es como llegamos a lo que llamo *losangelización*: la proliferación de comunidades urbanas que al ser observadas se asemejan a grupos de células cancerosas más que a una estructura biológicamente sana. Por otro lado, otro planteamiento occidental –popular entre jóvenes que ahondan el abandono escolar– pretende liberarse del hormigón, fingir ser indios americanos y volver a las praderas. Son dos puntos de vista completamente extremos.

Me gustaría explorar la posibilidad de un camino intermedio, un camino que conciba la tecnología no como una manifestación puramente antinatural, sino como una evolución perfectamente idónea de las capacidades humanas. Al mismo tiempo, la tecnología debe utilizarse con una actitud correcta, con la atención adecuada, para no perturbar irremediablemente los equilibrios de la naturaleza. En los equilibrios de la naturaleza, ninguna especie debería desviarse para dominar a todas las demás, como pretende hacer el ser humano.

El *I Ching*, también conocido como *Libro de los cambios*, es un antiguo texto fundamental que nos acerca a formas chinas de pensamiento. Se basa en un análisis de los procesos de la naturaleza en términos del relativo equilibrio de las dos fuerzas del yang y el yin. Tal vez *fuerzas* no sea una palabra del todo correcta, porque los taoístas –y, de hecho, los budistas y los hindúes– conciben el universo como un único sistema de energía. Ni siquiera *energía* es la mejor opción, porque la palabra indica algo en movimiento, y no podemos ser conscientes del movimiento si no es en relación con la quietud, y viceversa. Lo que en esencia es esta *energía-quietud* no puede ser pensado, definido o analizado en modo alguno, y sin embargo es básico para todo lo que experimentamos y no experimentamos.

Esta energía-quietud básica es como la membrana de un altavoz, que produce todos los sonidos que escuchamos en la radio –la voz humana, todo tipo de instrumentos musicales, aviones, automóviles, etcétera–, y que no distingue entre los sonidos que transmite. Todo lo que oímos es, en realidad, una serie de vibraciones en esa membrana, pero el locutor no lo anuncia cada mañana. Cuando una circunstancia es constante, con el paso del tiempo tendemos a ignorarla, y eso es lo que ocurre con la membrana. No pensamos en ella, pero es absolutamente esencial. Sin ella, no podríamos oír nada en la radio.

{ Es posible descubrir que somos idénticos
a la energía fundamental del universo. }

Análogamente, no solemos hablar del sustrato que fundamenta al ser. Desde el punto de vista lógico, es absolutamente insignificante hablar de una realidad común a todas las cosas. Sin embargo, el punto de vista lógico no abarca todas las formas de conocimiento, y es posible que los seres humanos seamos conscientes de este sustrato, no como objeto, no como algo que podemos aislar y observar, sino como una realidad de la que podemos ser intensa y sensualmente conscientes. Así recuperaremos una sensación renovada de nuestra propia identidad, de nuestro propio ser, no como una mera cosa más o como un acontecimiento insignificante entre otros, sino como la sensación de la verdadera identidad en tanto *ser*, el único campo de energía que no puede ser definido ni identificado.

Si comprendemos esta realidad, tal vez podamos suprimir la desesperada angustia de intentar protegernos indefinidamente como organismos independientes, enfrentándonos al resto de las criaturas e interpretando estos juegos elaborados en nuestro intento por aprovecharnos de los demás. Si somos capaces de hacerlo, podremos superar la ansiedad que nos induce a considerar la naturaleza como nuestro enemigo, un enemigo que debe ser conquistado y subyugado.

Este descubrimiento no equivale a una creencia o una idea. La energía fundamental del universo no se puede abarcar en una idea, en un concepto, en una serie de palabras o en una explicación. Elude toda clasificación. No podemos poseerla o dominarla. Formamos parte de ella, y si intentamos poseerla, eso quiere decir que no somos uno con ella. En el zen, esto se conoce como «ponerle patas a una serpiente». Aun así, las personas tratan de dominarla o apoderarse de ella por medio de la inacción, pero ambos planteamientos suponen el intento de capturarla, cuando no hay ninguna necesidad de actuar así.

Es posible descubrir que somos idénticos a la energía fundamental del universo. Es nuestro verdadero yo y, aunque no cambia las cosas, todas las diferencias se establecen, en cierto modo, a partir de ella y, por lo tanto, es la diferencia de las diferencias. Sin embargo, su naturaleza es completamente básica.

Es como si fuéramos un jugador extremadamente rico y ahora nos apostáramos unos cacahuetes. Nos sumergimos en el juego y nos sentimos irritados o frustrados cuando no ganamos.

¿Vamos a perder todos nuestros cacahuetes? En realidad, no hay nada que temer, porque los cacahuetes solo son cacahuetes. Pero estamos tan absortos en el juego que olvidamos el contexto más amplio en el que el juego tiene lugar.

Exactamente del mismo modo, cada individuo está tan ciegamente atrapado en los detalles de su nacimiento y de su muerte que ha olvidado por completo el contexto en el que acontecen el nacimiento y la muerte. Hemos sido sistemática y progresivamente hipnotizados por nuestra educación para creer que solo somos este ego particular en este cuerpo concreto, y estamos tan convencidos de esta creencia que el contexto en el que todo esto sucede es completamente reprimido.

De dioses y marionetas

Un organismo y su entorno constituyen un único sistema de energía expresado con gran complejidad como un único proceso, una única actividad. Es posible ser consciente de ello, no solo teóricamente sino desde el punto de vista de las sensaciones. Sin embargo, al principio esta sensación puede resultar peculiar y, a menudo, es susceptible de malinterpretarse. Algunas personas experimentan la sensación de flotar –es decir, actúan pasivamente, no hacen nada ni ejercen la voluntad– y puede dar la impresión de que su conducta simplemente sucede. Por otro lado, podemos tener la sensación de que somos nosotros los que hacemos que todo suceda, que controlamos nuestro entorno a la manera divina. Se trata de formas opuestas de experimentar lo mismo.

A veces las personas experimentan este tipo de sensación de un modo fortuito y es frecuente que lleguen a conclusiones extrañas. Depende de su formación, sobre todo de su educación religiosa, porque eso les atribuye un lenguaje para comprender la experiencia y expresar lo que sienten tanto a sí mismos como a los demás. Y es importante comprenderlo teóricamente en caso de que te suceda a ti y los demás te acusen de estar loco.

Las dos interpretaciones de la experiencia que acabo de presentar –ser una especie de marioneta o una bola de billar o una fuente independiente de energía responsable de poner en marcha el mundo– se basan en el mismo falso supuesto: que el organismo individual está separado del mundo. El fondo de la primera interpretación implica a Newton y a Descartes, que han moldeado el sentido común del ciudadano medio del presente, pese a que la ciencia actual –especialmente la física y la biología– ha ido mucho más allá de estos limitados puntos de vista. La psicología también está involucrada en virtud de la decisiva influencia de Freud, que concebía la mente humana como una realidad análoga a la hidráulica, es decir, como una forma de mecánica newtoniana. Por ejemplo, el inconsciente es como agua subterránea, y la energía sexual se asemeja a la corriente de un río: puede ser embalsada, represada, canalizada y conducida por desagües, etcétera. Por lo tanto, el freudismo es una forma de psicohidráulica.

La experiencia de la marioneta –es decir, la sensación de responder automáticamente a todas las influencias físicas y sociales que nos rodean– puede resultar molesta o agradable. Podemos experimentar una sensación similar a la ingravidez, en la que apenas intervenimos en nuestro entorno, sin tener que pensar en nada ni preocuparnos por lo que debemos hacer. Tan solo respondemos a diferentes estímulos, algo que puede derivar en un intenso placer o revelarse como terriblemente amenazador, en función de nuestra constitución personal.

¿Alguna vez has sentido que estabas soñando durante tu vida cotidiana? ¿Has tenido la sensación de que una experiencia específica no era lo suficientemente real? Esta sensación puede resultar escalofriante para algunas personas. En ocasiones, tu mente se desliza en una dirección diferente, como si se sintonizara el dial de la radio: tu mente vaga y aterriza en una emisora distinta, que te permite considerar la realidad desde otra perspectiva. Aquí es donde los individuos experimentan iluminaciones accidentales, episodios psicóticos y todo tipo de situaciones extrañas, y en el contexto al que me refiero, podemos conjeturar que nos encontramos en el extremo de un conjunto de hilos manipulados por otros acontecimientos o inteligencias, como si fuéramos marionetas.

Como he mencionado antes, hemos sido condicionados para creer que parte de nuestra vida está bajo nuestro control y otra parte no. De nuevo se explicita la distinción entre lo voluntario (lo que hacemos) y lo involuntario (lo que aceptamos pasivamente). Sin embargo, la frontera entre ambos a menudo es difusa; observemos el ejemplo de la respiración. Respirar es algo que tenemos que hacer para vivir, y resulta fácil tener la sensación de que controlamos conscientemente la respiración, según nuestra voluntad. Sin embargo, esta acción no requiere de nuestro control consciente, y esto es una suerte. En este caso, la distinción entre lo voluntario y lo involuntario es demasiado vaga.

De un modo análogo, a veces da la impresión de que tomamos decisiones a partir de la nada; simplemente así, como si no tuviéramos conciencia de lo que nos incita a tomar esa decisión. Parece que esta decisión ha surgido del vacío porque nuestra conciencia de buena parte de la información ha sido bloqueada. La mayor parte de nosotros interpretamos el acto de tomar una decisión como una acción diferente al crecimiento de nuestro cabello, pero en realidad no son tan distintas: tan solo pensamos que lo son debido al desconocimiento. Sin embargo, si nuestra conciencia cambiara y nos diéramos cuenta de que todo sucede –como dicen los chinos– *por sí mismo*, nuestro contexto nos haría creer que todo sucede involuntariamente y que en realidad nos dejan al margen de la toma de decisiones, como a una marioneta que simplemente debe obedecer. Sin embargo, tampoco esto sería correcto.

En realidad, no tenemos un sistema de la naturaleza determinista o voluntarista. El individuo no es una marioneta que responde pasivamente a su entorno, pero tampoco es el centro de toda actividad, ni controla ni cambia el entorno a voluntad.

Estas dos perspectivas se basan en la falta de conciencia. Por el contrario, la conducta del individuo y el comportamiento del entorno son el mismo proceso. Con todo, podemos observarlo desde estos dos distintos puntos de vista –como sujeto pasivo o como sujeto activo–, pero son dos formas de concebir una misma realidad.

Si pensamos que de algún modo nuestro sistema nervioso está creando el mundo exterior –es decir, que cosas tales como la luz, el peso, el calor, el color y la forma solo existen en términos de neurología humana–, no falta mucho para creer que el sistema nervioso humano es el que crea todo el universo. Pero podemos adoptar el punto de vista opuesto y creer que el sistema nervioso humano existe en el mundo exterior y depende por completo de la luz del sol, del aire, de la temperatura adecuada, etcétera. Ambos puntos de vista son correctos, pero en tanto occidentales carecemos de una lógica que nos permita integrarlos, razón por la que algunas personas tienen la sensación de estar flotando y respondiendo pasivamente a las operaciones de la naturaleza, y otras creen ser un Dios omnipotente.

En verdad, solo existe un proceso. Podemos considerarlo desde diferentes direcciones, pero en realidad no puede dividirse. No nos limitamos a actuar sobre el mundo, y tampoco respondemos simplemente a sus acciones; cuanto más familiarizados estamos con este proceso constante, más inteligentes nos volvemos y mejor actuamos. Nuestro nivel de inteligencia guarda relación con nuestra capacidad para advertir que nuestro comportamiento es uno con el comportamiento del resto del mundo.

{ El sonido de la lluvia no necesita traducción. }

Como he señalado antes, Teilhard afirma que el universo es el único átomo verdadero, porque es realmente indivisible. Sin embargo, esto queda al margen de nuestra conciencia ordinaria, porque en ella ignoramos las conexiones entre las presuntas cosas y los presuntos acontecimientos, reduciéndolos a poco más que aspectos de un único acontecimiento. Es como si lo observáramos todo a través de una persiana veneciana, en la que los intervalos son ignorados o eliminados. Sabemos que nuestros sentidos son instrumentos de exploración. El ojo solo responde a un limitado espectro de las diversas formas de vibración lumínica; por ejemplo, no vemos los rayos X o los rayos cósmicos. Asimismo, el oído humano solo responde a un estrecho espectro de sonido. Y no solo exploramos con nuestros sentidos, sino también con nuestros sistemas de pensamiento.

Como resultado, hay lagunas en nuestra conciencia. Por ejemplo, tendemos a ignorar el espacio. Pensamos que el espacio entre nosotros y los objetos o las personas en nuestro entorno es esencialmente vacío, que no es nada importante. De hecho, es terriblemente importante. Es el espacio –los intervalos– entre tonos en música, por ejemplo, lo que nos permite oír la melodía. Como la membrana en el altavoz, que hace posible el sonido, el espacio es aquello en lo que todo acontece. Sin espacio, no hay acontecer. Esa es su relevancia primordial, y sin embargo la ignoramos.

Hemos sido educados para considerar solo unas pocas cosas como realmente importantes. Por esa razón, la meditación —al menos tal como se la comprende en el budismo y el taoísmo— es tan reveladora, porque nos ayuda a valorar y a poner precio a todo aquello de lo que podemos ser conscientes. Al dejar de pensar y ser simplemente conscientes, de pronto todo nos parece igualmente importante, y eso nos permite sentirnos asombrados por cosas que antes no despertaban nuestra atención: nos sentimos absolutamente fascinados. Oímos el sonido de la lluvia y parece tan relevante como las palabras más importantes que cualquier ser humano haya llegado a pronunciar y, como una vez me dijo un maestro zen, el sonido de la lluvia no necesita traducción.

Las distinciones que establecemos entre las cosas son todas conceptuales. Si eliminamos los conceptos y analizamos las cosas en sí mismas, no hay divisiones; todo forma parte del mismo proceso. Eso no quiere decir que en el continuo del mundo físico no haya líneas, sólidos, espacios y ese tipo de cosas; no significa que, de poder contemplar el mundo de forma correcta, este se nos aparecería como una masa homogénea. Probablemente se manifestará como lo hace ahora, pero al mismo tiempo de una forma ondulante. Después de todo, nuestro mundo es ondulante. Mira por la ventanilla de un avión en pleno vuelo: todas esas nubes, montañas y colinas son ondulantes. Por supuesto, luego verás cuadrados y rectángulos, pero en este caso se trata de seres humanos intentando poner orden en el mundo.

A la gente no le gustan las ondulaciones porque son difíciles de controlar. Son escurridizas. Tampoco son fáciles de contar. ¿Cómo contar las ondulaciones en una nube? Y para empezar, ¿qué constituye una ondulación? Si una ondulación tiene protuberancias, ¿cada una de ellas podría considerarse una ondulación subordinada? En cuanto empezamos a observarlas, especialmente si lo hacemos a través de una lupa, la ondulación continúa indefinidamente. ¡Ondulaciones del mundo, uníos! Solo podéis perder vuestro nombre.

Poner nombre a una nube no altera su naturaleza; no separa a la nube del cielo. Los nombres son divisiones socialmente consensuadas que utilizamos para describir las diversas formas de la naturaleza, pero la naturaleza en sí misma es informe, en el sentido de que toda ella es una única forma, un proceso. Tan solo dividimos la ondulación continua en cosas y acontecimientos para mantener el control, y sin embargo toda nuestra categorización deja el mundo indiviso. Es simplemente una forma de hablar de los fenómenos para acordar cómo los vamos a controlar y qué vamos a hacer con ellos.

Normalmente, cuando decimos que realmente no hay cosas ni acontecimientos, la mayoría de las personas se queda perpleja o anonadada. Es una afrenta al sentido común. Lo que recubre mi pie es un zapato, maldita sea: es una cosa, como todos pueden ver. Salvo por el hecho de que no es un zapato en absoluto.

La idea de entidades independientes es una abstracción. En tanto organismo, no eres algo separado de tu entorno. Un organismo vivo es una especie de llama: una llama puede parecer un objeto que se manifiesta en la parte superior de una vela, pero en realidad es una corriente de gas que nunca es la misma de un microsegundo al otro. Es un flujo constante de energía. Asimismo, nuestros cuerpos se manifiestan bajo una forma en apariencia constante, pero somos un flujo de energía que fluctúa sin cesar.

Adicionalmente, todo lo que pueda ser reconocido como una ondulación o una unidad de cualquier tipo solo existe en relación con otros fenómenos. Una vez más, este es el principio de la interpenetración. Todo lo que pueda designarse como parte de otra cosa implica al todo, así como el todo implica a la parte. Por esta razón, los arqueólogos perspicaces son capaces de reconstruir toda una criatura a partir de un único hueso, porque una determinada mandíbula implica cierto tipo de cráneo, y así sucesivamente. Y así, cada pequeña entidad de este mundo solo existe en relación con el conjunto del sistema. La existencia es relación. El yang no puede existir sin el yin, y es su relación la que permite ambos: materia y espacio, arriba y abajo, vida y muerte, ser y no ser.

Si grito en un ambiente sin resonancia, no se producirá sonido alguno. No podemos transmitir ondas en el vacío. Análogamente, la existencia es relación. La sociedad nos constituye a cada uno de nosotros, y somos quienes somos en tanto individuos debido a la compleja interrelación de las comunidades humanas. Somos quienes somos como individuos en virtud de nuestro rol en la relación con otros grupos de individuos, específicamente aquellos con los que interactuamos, así como de niños aprendimos a adaptar nuestro comportamiento en función de la compañía en la que nos encontrábamos. Personalmente, me cuesta aceptar la noción de roles sociales fijos. Probablemente esto explica por qué me gusta jugar a la confusión.

Como he dicho en otra parte, quiénes somos depende del contexto en el que nos encontremos, tal como el sentido de una palabra determinada depende de la frase o el párrafo en el que esté situada. Somos muy hábiles a la hora de descomponer una cosa en diversos elementos, pero al aplicar solo la mente analítica, olvidamos el otro aspecto de las cosas que tiene en cuenta el contexto de cada ondulación individual. Es importante definir las ondulaciones, pero en realidad no podemos hacerlo a menos que esas ondulaciones sucedan en un contexto. El exterior de la ondulación es tan importante como el interior, y tendemos a descuidar el primero.

Cuando una serpiente avanza, ondula. Una parte de su cuerpo se torna convexa y la otra cóncava. ¿Qué lado se mueve antes? Los dos, al unísono. Y otro tanto ocurre con nuestro mundo interior y exterior, que no son distintos. Son diferentes en el sentido de que uno está dentro y el otro fuera, pero no son distintos en el sentido de que no son independientes y, por lo tanto, avanzan juntos. Pero no somos conscientes de ello, en gran medida debido a un tipo de miopía psicológica que nos hace aferrarnos a una determinada manera de concebir la realidad.

Klesha es un término budista en sánscrito que solemos traducir como «apego» o «pasión corruptora». Sin embargo, una mejor traducción a nuestra lengua sería algo así como «obsesión». No obsesionamos con una determinada forma de pensar –en este caso, que el mundo se divide de una manera determinada–, y así es como no logramos percibir el devenir de todo. No entendemos que el interior es inseparable del exterior y que los organismos forman parte de sus entornos específicos, y así consideramos nuestro cuerpo como una realidad independiente. Desde un punto de vista, solo somos una masa acumulada de células. Pero si tenemos en cuenta la física, ni siquiera somos eso: tan solo somos moléculas, átomos, partículas subatómicas, ondas-partícula y los vastos espacios entre ellas. Sin embargo, ¿qué es lo que lo mantiene todo unido?

Cuando las hojas regresan a los árboles en primavera, podemos considerar que son hojas nuevas. Las hojas del año anterior cayeron en otoño, y ahora una nueva generación de hojas ha ocupado su lugar. Con todo, si lo consideramos desde otro punto de vista, diríamos que el árbol retoña de nuevo; producir nuevas hojas es una actividad que el árbol realiza de vez en cuando. Solo debido a nuestra fascinación por los detalles individuales de las personas creemos que se suceden generaciones tras generaciones de seres humanos diferentes en el planeta, pero un habitante de Marte que observara el continuo proceso de nacimiento y muerte podría pensar que se trata de un proceso recurrente en nuestro planeta: los seres humanos siguen naciendo, pero en realidad son los mismos, y simplemente regresan. Del mismo modo, las hojas de cada año son las mismas viejas hojas. Mueren, son reabsorbidas y regresan al árbol.

Todo obedece a este proceso. Todo se repite, pero hay espacios intermedios, un ir y venir, y al observar esos espacios no vemos nada, por lo que deducimos que la ola ha concluido, se ha extinguido. Y creemos que al morir nuestra vida acaba, se ha consumado, y eso es malo. Pero en realidad somos el propio campo de energía, y ese campo de energía nos sigue produciendo. Sigue repoblando. Tú eres quien repuebla. ¿Quién más habría de ser responsable?

Evidentemente, no podemos admitir que somos responsables de todo ello. El juego consiste en fingir que no lo somos.

2. Civilizar la tecnología

Las grandes civilizaciones de Oriente –especialmente la china y la japonesa– no desarrollaron el mismo tipo de tecnología que Europa y Estados Unidos. En consecuencia, afrontaron problemas distintos a los nuestros, y por esa razón los juzgamos atrasados. Tuvieron diversos problemas con la enfermedad, el hambre y la pobreza, por lo que creímos que no podíamos aprender nada de ellos; su forma de civilización no había alcanzado las cotas de la nuestra. Ignoramos el hecho de que nuestra propia tecnología y progreso específico ha sido muy reciente, que hasta mediados del siglo XIX era perfectamente normal vivir con la tortura, la esclavitud, el trabajo infantil, una suciedad de proporciones inefables, epidemias y todo tipo de problemas. Así fueron las cosas, pero lo hemos olvidado. Nuestra memoria es débil.

Recuerdo un himno de iglesia de mi infancia que dice algo así como:

Todas las cosas brillantes y bellas,
todas las criaturas grandes y pequeñas,

todas las cosas sabias y admirables,
el Señor Dios las hizo todas.
(...)
El rico en su castillo,
el pobre en su portal,
Dios los hizo poderosos y humildes
y ordenó sus bienes.[2]

Creo que el último verso ha sido eliminado del himno porque dice que todas las estaciones de la vida –la suerte y el infortunio, la riqueza y la pobreza– están determinadas y ordenadas por Dios. Afirma que no podemos hacer nada al respecto, y las personas tienden a aceptar las situaciones que no dependen de ellas. Y en realidad nada podía hacerse en relación con las situaciones vitales, al menos hasta el advenimiento de la Revolución Industrial, momento en el que todo el mundo quiso ponerse manos a la obra, y aquí es donde entra la tecnología.

Por lo tanto, las tecnologías desarrolladas en todo el mundo han sido diferentes por todo tipo de razones, incluyendo las geográficas. Al contemplar un mapa de Europa, descubrimos que es bastante accidentado: está lleno de ensenadas, islas, puertos, calas y ese tipo de cosas. En cambio, China e India constituyen sólidas masas continentales, lo que en parte explica por qué, por comparación, los europeos han sido, de forma preeminente, marineros. Y es muy posible que nuestros primeros grandes descubrimientos tecnológicos hayan sido obra de marineros con su cultura particular, que sabían que la Tierra era redonda y que se convirtieron en navegantes sin igual. Las primeras casas dignas de ese nombre tal vez fueron barcas puestas del revés. La influencia mutua entre diferentes civilizaciones y culturas fructificó realmente debido al viaje por mar, y la maquinaria e innovación implicada en este intercambio exigió una innovación sustancial. La navegación es un ejemplo directo de cooperación entre las personas y la naturaleza.

En cuanto a la tecnología, remar es diferente. No es una forma muy inteligente de propulsar un barco, ya que requiere de una gran cantidad de esfuerzo. Por otro lado, la navegación se limita a utilizar la energía de la naturaleza para desplazar el barco: fluyes sin esfuerzo a través de la naturaleza recurriendo a las fuerzas circundantes, con inteligencia, aplicando el principio del *wu wei* propio del taoísmo. Antes he mencionado que *wu wei* significa algo así como «no interferencia», pero a veces se traduce, incorrectamente, como «no acción». *Wu wei* implica actuar, pero de acuerdo al campo de fuerzas en el que nos encontramos. Por lo tanto, una persona diestra investigará la naturaleza de esas fuerzas, y el taoísta preguntará: «¿Cuál es su *li*?»; la palabra *li* designa el patrón orgánico de la situación.

Si conoces el patrón de una situación determinada, podrás actuar de acuerdo a él y no forzar las cosas. Si sierras madera y aprietas demasiado, el corte será irregular; quienes sierran con impaciencia siempre lo hacen mal. Por supuesto, hay que usar los músculos en esta tarea, pero si entendemos que la sierra es lo suficientemente afilada y lleva a cabo su función gracias a su propio peso, tendremos la sensación de que la herramienta hace la mayor parte del trabajo, y si actuamos así, realizaremos un buen corte. En otras actividades ocurre igual. Si cantamos bien, tenemos la sensación de que la canción se canta sola; si conducimos bien, el coche y la carretera nos transportan fluidamente. Cuando realizamos diestramente una actividad, expresamos el poder total del campo de fuerzas, que se expresa a sí mismo bajo la forma de una acción habilidosa a través de nuestra iniciativa en tanto organismos humanos. Para actuar así hace falta inteligencia.

El problema de las abstracciones

Hay otra razón interna que explica por qué los chinos desarrollaron la tecnología tal como lo hicieron. En marcado contraste con el taoísmo, el confucianismo no está tan interesado en la naturaleza. El pensamiento confuciano se centra en las relaciones humanas y es muy escolástico, y los grandes clásicos de esta escuela impusieron orden, pero también cierta rigidez, en la cultura china. Ocurre así con todo lo que considera la palabra escrita como autoridad última: el cristianismo, el islam, la ciencia, la salud, etcétera. Los teólogos de la época de Galileo no miraban a través del telescopio porque su libro sagrado ya les había explicado el funcionamiento del universo, y ese libro no podía estar equivocado. Lo mismo puede aplicarse a la ciencia actual. Cuando alguien presenta una nueva idea que la comunidad científica considera extravagante, los científicos la desacreditan de inmediato –«¡Es imposible! ¡No puede ser!»–, y esto es así porque defienden rígidamente una concepción del universo donde todo ha de ser tedioso en grado sumo.

Se nos ha dado una interpretación del universo aburrida y estúpida. Cualquier cosa que investigue o revele algo que la ciencia no puede explicar es sencillamente ignorado. La ciencia solo estudia lo habitual. Para estudiar científicamente un acontecimiento, este debe ocurrir reiteradametne. A veces, cuando enfermamos y acudimos al médico, los síntomas cambian o se desvanecen, como ese ruido extraño que hacía el coche y que desaparece cuando lo llevamos al mecánico. Con los científicos ocurre lo mismo. Cuando intentan estudiar algo atípico, normalmente no vuelve a ocurrir, y por lo tanto dicen que no ha tenido lugar.

Así como los confucianos se apegan mucho a sus libros, nosotros nos hemos aferrado excesivamente a nuestro concepto abstracto de la naturaleza, hasta el punto de que ya no podemos experimentar nada fuera del marco de nuestra limitada comprensión conceptual. Pero cuando un sistema conceptual ya no tiene en cuenta el patrón de realidad en cambio constante, deja de ser útil. En efecto, puede suscitar problemas.

Los taoístas tenían un sistema conceptual diferente, muy interesado en la naturaleza. Los textos taoístas están sembrados de ilustraciones naturales, y el comportamiento del agua, de los insectos y de los elementos se utilizaba como ejemplificación del arte de la vida. Por su parte, los confucianos eran lexicógrafos; creían en la rectificación de los nombres y se esforzaron en crear definiciones claras y sólidas de las palabras, para que los individuos las utilizaran de forma correcta. Pero entonces los taoístas les preguntaron: «¿Con qué palabras definiríais las palabras? ¿Y con qué palabras definiríais las palabras que utilizáis para definir esas otras palabras?». La situación es obviamente tautológica, como los propios diccionarios. Para quien no conoce un determinado lenguaje, un diccionario sin ilustraciones ni imágenes es un sistema cerrado, impenetrable. Por eso los taoístas se reían de los confucianos. Su visión de la naturaleza no era abstracta, rígida y codificada, sino orgánica y fluida: un único organismo viviente de una inmensa complejidad. No concebían el universo como una realidad formada por partes independientes. La cabeza está unida a los pies, el estómago al cerebro, y todo surge en virtud de un condicionamiento mutuo. Puede que los diversos aspectos difieran entre sí, pero eso no significa que sean independientes.

Por esta razón, los taoístas son muy cautos a la hora de interferir en un proceso, en especial en lo relativo a la política. La política confuciana se basa en la idea de soberanía: una estricta estructura de autoridad jerárquica y vertical que ha de ser acatada por los que ocupan una posición inferior. Sin embargo, el consejo taoísta a los gobernantes en el *Tao Te Ching* subraya la humildad, la observancia del Tao, el ejercicio de la contención, la creación de relaciones con los ciudadanos, entre otras cosas. El texto también dice que el Tao ama y nutre todas las cosas y a todos los seres sin imponerse a ellos. Para los taoístas, el emperador ideal parece más un técnico de saneamiento que un soberano: discreto y reservado. El emperador debía exhibir cierta virtud anónima, porque los taoístas creían que se alienta más la cooperación cuando permitimos que la gente colabore espontáneamente entre sí que al obligarla a hacerlo.

En Occidente no concebimos el mundo como un organismo viviente, y esto también queda demostrado en nuestros avances tecnológicos. Por el contrario, consideramos el mundo como un mecanismo, y para nosotros un mecanismo es un conjunto de partes sustituibles y sometidas a un principio rector específico. Por otra parte, un organismo puede tener diversos centros rectores que trabajan juntos siguiendo un patrón reticular, tal como operan el cerebro y el estómago en el cuerpo humano. Ahora bien, ¿cuál de estos órganos es más importante? Algunos dirán que el estómago, porque comer es fundamental, pero el cerebro permite que llegue comida al estómago. Esta es la verdadera razón por la que hemos evolucionado: para permitir que nuestros ojos y oídos rastreen el entorno y descubran alimentos que ingerir. Y algunos individuos dirán que el estómago es un mero precursor del órgano más relevante, y que toda su función consiste en proporcionar energía para que el cerebro realice las funciones que le corresponden.

Ambas teorías son parcialmente correctas. El verdadero acuerdo entre el estómago y el cerebro es mutuo, y los dos se desarrollan y trabajan juntos. En un sistema mecánico, jerárquico y sometido a un principio rector, es diferente. Si tenemos una máquina y un operador o ingeniero que la hace funcionar, tenemos un gobierno, un orden mundial monárquico. Entonces utilizamos otras técnicas mecánicas para obligar a la gente a comportarse de forma distinta, y llegamos hasta el punto de crear una herramienta tecnológica especial para cercenar sus cabezas.

Necesitamos una nueva analogía

Otra de las razones por las que en Occidente hemos desarrollado nuestra tecnología se explica porque la mecánica newtoniana surge de la teoría según la cual el mundo físico es un artefacto creado por un superingeniero cósmico que lo gobierna todo por medio de leyes. De este supuesto deriva la creencia de que todas las cosas se comportan de acuerdo a una causalidad mecánica, y esto produce formas de tecnología que se materializan en máquinas de vapor, automóviles, sistemas hidráulicos, electricidad, etcétera.

La analogía mecánica nos ha sido útil hasta cierto punto. Sin embargo, hace tiempo que realizamos descubrimientos en física cuántica y biología que sugieren que una perspectiva más orgánica es más iluminadora y se acerca más al modo en que las cosas operan en la realidad. La analogía que mejor se acomoda a nuestras necesidades actuales lleva un tiempo en uso. Afortunadamente, la sabiduría taoísta es accesible a Occidente en estos tiempos, y podemos comprenderla sin necesidad de requisitos previos, porque el taoísmo nos habla con nuestro nuevo lenguaje: el lenguaje de la relatividad, de la interdependencia, del condicionamiento mutuo de todo cuanto acontece.

Esta nueva analogía y su lenguaje asociado harán posible una nueva forma de tecnología *civilizadora*. También podríamos llamarla tecnología *naturalizadora*, porque los fundamentos de nuestra tecnología actual entraron en escena como un absoluto bárbaro, aunque muy competente, firme y resplandeciente, con una descomunal fuerza física. Es obvio que esta contundente tecnología no es preferible, porque transforma rápidamente la superficie de la Tierra a su propia imagen, que es la de una máquina.

Podríamos cubrir toda la Tierra con hormigón, pero los buenos tecnólogos saben que en algún momento del futuro cercano nuestras autopistas se quedarán obsoletas, y que la hierba crecerá en las grietas y las carreteras acabarán por desaparecer, porque conquistaremos el aire, como los insectos. Y todos nuestros cables desaparecerán, porque podremos transmitir electricidad sin ellos. También abandonaremos los teléfonos y toda la estructura mecánica se extinguirá porque solo ha sido un paso, un pedúnculo. Cuando un glóbulo –por ejemplo, una ameba o tal vez una mancha de aceite suspendida en el agua– empieza a separarse de su cuerpo principal, forma una especie de protuberancia similar a un cuello alargado. Esa extensión acabará por escindirse completamente del cuerpo principal y formará su propio glóbulo, sin dejar rastro alguno de conexión entre el primer cuerpo y el segundo. Esto se conoce como ley del pedúnculo y explica todo tipo de fenómenos; por ejemplo, por qué es tan difícil encontrar eslabones perdidos en los procesos evolutivos.

> *{ Hemos de pensar en ideas políticas*
> *completamente nuevas... que asuman*
> *el modelo orgánico del universo. }*

Por lo tanto, todos estos artilugios tecnológicos que hemos ideado son pedúnculos que acabarán por desvanecerse. En cierto momento ni siquiera necesitaremos casas, porque sabremos cómo alterar la temperatura del aire o viviremos bajo una invisible cúpula plástica, y no necesitaremos congregarnos en ciudades o viajar, y todo lo que queramos saber o aprender estará inmediatamente disponible en una pantalla.

Sin embargo, avanzar en esta dirección requiere de una nueva analogía, y las personas responsables de la evolución técnica necesitan imbuirse de una filosofía más ecológica o nos limitaremos a perpetuar los anacronismos mecánicos. El automóvil, por ejemplo, es un anacronismo inútil, con un motor de gasolina, del que será difícil liberarse porque la humanidad siempre seguirá vendiendo petróleo. Es muy complicado que toda una industria cambie, pero a menos que esto suceda, estaremos atrapados en realidades obsoletas que nos ciegan hasta la ingenuidad y nos impiden comprender lo que realmente debe hacerse.

Algunas personas tal vez se alarmen por esta forma de hablar y la tilden de comunista. No es lo que sugiero en absoluto. Para empezar, no hay nada más anacrónico que la burocracia. El Estado colectivo es una máquina monolítica e impermeable al cambio porque nadie tiene ninguna responsabilidad. Observemos a los países comunistas hoy: les cuesta tanto como a nosotros producir innovaciones útiles.

Hemos de pensar en ideas políticas completamente nuevas: ideas de las que no hemos oído hablar, pero que asuman el modelo orgánico del universo. El mundo es un cuerpo, pero un cuerpo es un sistema altamente diversificado y con división de funciones que sigue operando como un todo. Es mucho más diferenciado que un hormiguero. Contrariamente a una máquina con un principio rector específico y partes susceptibles de ser desensambladas, sustituidas y reordenadas, todas las partes de un organismo trabajan juntas en una anarquía ordenada. Se gobiernan a sí mismas, porque un organismo es un ente que funciona sin necesidad de control exterior.

Trabajar con el campo de fuerzas

Como señalamos antes, los taoístas creían que era sabio ejercer la contención a la hora de interferir en la naturaleza. En algunas situaciones, los seres humanos deberían abstenerse de

actuar por completo; en otras, deberían colaborar con la naturaleza, pero solo teniendo en cuenta el campo de fuerzas en el
que se encuentran. Evidentemente, nosotros mismos somos ese
campo de fuerzas.

Advertir que somos el campo de fuerzas puede resultar una
experiencia sensual y difícil de definir y describir por dos razones: en primer lugar, es demasiado compleja; en segundo,
no podemos definir el fundamento de la realidad. El continuo
que abarca todas las cosas no puede pensarse como un objeto porque no es susceptible de clasificación. Aunque es muy
importante saber que formamos parte de ella, en realidad nos
resulta imposible decir algo significativo de esa experiencia,
pero, por otro lado, desconocer nuestro yo real nos hará enlo-
quecer. Nos quedamos delirantemente atrapados en los detalles, intentando identificarnos como el rol temporal y arbitra-
rio que estamos desempeñando, mientras olvidamos que todo
lo que ocurra en esta ronda en realidad carece de importancia.
De hecho, para el campo de fuerzas en juego, no hay ganado-
res ni perdedores.

Así pues, ¿cómo podemos llegar a saber que somos el campo de fuerzas en el que vivimos? ¿Cómo podemos saber qué
viento sopla para navegar correctamente? No es tan simple
como humedecer el dedo y alzarlo para comprobar qué lado se
seca antes. ¿O sí?

Pensamos que la naturaleza es extraordinariamente complicada y, por lo tanto, difícil de entender. Y creemos que, de
no poder comprender nuestra compleja situación, será inmen-

samente difícil tomar decisiones al respecto. Desde un punto de vista diferente, la naturaleza no es complicada en absoluto. Cuando los budistas hablan del mundo de la forma y del mundo sin forma, estas dos categorías corresponden aproximadamente al mundo complicado y al mundo simple.

Lo que otorga complejidad al mundo no es su estructura física real, sino nuestro intento de comprenderla desde un ángulo determinado. Al preguntar cómo funciona algo –una flor, un cuerpo humano, una estructura geológica–, lo que en realidad estamos preguntando es cómo podemos reproducir lo que pasa con palabras o números. Así podremos predecir su comportamiento y, por ende, ejercer cierto grado de control. Sin embargo, el problema de las palabras y los números es que adolecen de limitaciones específicas. Lleva tiempo leer o examinar una expresión matemática, y aún más escuchar una grabación, y estas expresiones son como elementos dispuestos en una línea que requiere un pensamiento minucioso para comprender los diversos pasos que se han dado. Hay métodos para clasificar los fenómenos de la naturaleza en códigos, y aunque los últimos avances en tecnología computacional pueden gestionar los códigos a una velocidad asombrosa, la mente consciente solo puede procesarlos con lentitud; solo puede trabajar con símbolos verbales y matemáticos, y estos resultan muy burdos.

Una vez que hemos reflexionado a fondo sobre una determinada realidad, suele ser muy tarde para actuar al respecto. Mientras reflexionábamos, las circunstancias han cambiado.

La crisis respecto a la que teníamos que tomar una decisión ya ha ocurrido. Por lo tanto, tenemos que actuar sin el tipo de preparación y sin el conocimiento que en nuestra opinión hemos de tener, porque no podemos concebir el mundo en tiempo real según patrones verbales y matemáticos. Como resultado, nos sentimos frustrados. Estamos persuadidos de que debemos asimilar y gestionar el mundo a partir de símbolos, pero debería ser obvio que nunca habrá una explicación satisfactoria en términos lingüísticos, ya que podemos hablar indefinidamente sobre el objeto más simple y no describir plenamente sus atributos, como ilustra el ejemplo que he sacado a colación antes, en el que los taoístas se burlan de los confucianos.

Es evidente que las palabras son útiles, pero solo cuando se subordinan a una especie de comprensión orgánica que no depende en absoluto del lenguaje. Las palabras son como garras al final del brazo: las garras no son útiles, salvo que estén subordinadas a la organización más sutil del brazo y del resto del cuerpo. Las palabras son las garras que utilizamos para despedazar la vida y disponerla en un cierto sentido, así como tenemos que morder y masticar nuestros alimentos para descomponerlos en piezas digeribles.

Para hacer el mundo comprensible, hemos de dividirlo en partes. Sin embargo, hay muchos otros actos de la comprensión que no están contenidos en las palabras; alguien que nos escucha hablar participa en cierto número de operaciones no verbales a fin de comprendernos, y leer las palabras de un libro requiere del dispositivo no verbal de la vista. Es imposible explicar todas estas funciones con palabras. Si el desagüe de tu bañera está atascado y necesitas sacar el agua, no recurrirás a un tenedor, porque la tarea sería infinita. Por el contrario, utilizarás un cubo. Describir el mundo con palabras es como intentar eliminar el agua con un tenedor.

Las palabras solo comunican a aquellos que conocen el significado («Porque al que tiene, le será dado»). Y por esa razón las palabras son convenientes, porque podemos recordarnos unos a otros aquello que ya sabemos. En tanto palabra, *agua* no significa nada para la persona que no ha conocido el agua; solo es útil si se conoce el agua y funciona como una especie de abreviatura. Puedo hablar cómodamente del agua con esta persona sin tener que mostrársela directamente.

{ Reconocemos la inteligencia cuando la vemos, aun cuando es una realidad que escapa a toda definición. }

Análogamente, recurrimos al dinero en lugar de al trueque. Las palabras ostentan las mismas ventajas y desventajas que el dinero. El dinero nos ayuda a transferir riqueza, y las palabras nos ayudan a organizar la experiencia y comunicarla a los demás. Más allá de eso, nos enfrentamos a dificultades insuperables cuando intentamos describir nuestra experiencia y comprender la de los demás por medio de las palabras. Se trata de herramientas limitadas en lo que respecta a la comprensión del campo de fuerzas en el que nos encontramos.

No hace mucho, miembros de la Universidad de Harvard realizaron algunos experimentos interesantes en relación con los diferentes estados de conciencia, y estos miembros de la universidad fueron criticados por otro profesor, según el cual ningún conocimiento es académicamente respetable si no puede expresarse en palabras. Me pregunto qué idea tiene ese docente de lo que pasa en los departamentos de educación física, bellas artes y música. Desgraciadamente, son muchas las personas que piensan así, especialmente en las comunidades científica y tecnológica.

Esto nos retrotrae a la cuestión de la naturaleza de la inteligencia. La inteligencia, evidentemente, no es verbal ni computacional. Los ojos, nuestros órganos internos y la organización de una planta son obviamente inteligentes, y digo *obviamente* porque debería ser evidente a cualquiera que preste atención. Reconocemos la inteligencia cuando la vemos, aun cuando es una realidad que escapa a toda definición, tal como el sistema nervioso es, sin duda, un organismo inteligente que desafía la comprensión del neurólogo más avezado. Conocemos la inteligencia porque es fascinante, ingeniosa, está maravillosamente organizada y es bella. La vemos en todas partes, en el campo de fuerzas, en los patrones de la naturaleza y en los seres humanos. Basta con observarnos a nosotros mismos: la belleza de nuestros ojos, la maravillosa organización y coordinación de nuestras extremidades, etcétera. Como dice Hamlet: «¡Qué admirable hechura la del hombre! ¡Cuán noble es su razón! ¡Cuán infinitas sus facultades! ¡Qué expresivo y admirable en su forma y movimientos! ¡Qué semejante a un ángel en sus acciones! Y en su espíritu, ¡qué semejante a Dios! ¡Lo más bello de la tierra, el parangón de los animales!». Todo eso somos nosotros, aunque no sepamos por qué somos como somos y hacemos lo que hacemos.

En la conformación de nuestro sistema nervioso y en la organización del resto de nuestro organismo, expresamos un tipo de inteligencia que –desde el punto de vista del análisis consciente– es inconcebiblemente compleja. Y, sin embargo, desde su propio punto de vista, es muy simple. No tenemos que esforzarnos para ver; simplemente vemos. No nos esforzamos para oír; el oído lo hace por nosotros. No necesitamos esforzarnos para mantener todas nuestras funciones activas, porque nuestro organismo se encarga de ello. Tal vez tengamos que aplicarnos conscientemente en buscar alimento, mantenernos calientes y, ocasionalmente, defendernos a nosotros mismos, pero estos esfuerzos solo son posibles por medio de innumerables procesos de los que no somos conscientes; por ejemplo, nuestro corazón sigue latiendo y bombeando sangre en nuestro cuerpo sin que decidamos que tiene que seguir haciéndolo.

Confianza

Es bueno no tener que decidir cada una de las acciones realizadas por nuestro organismo. En primer lugar, nada más agotador que tener que tomar una decisión consciente tras otra; las decisiones suelen venir acompañadas por una peculiar ansiedad. ¿He tomado la decisión correcta, la más oportuna? No hay forma de saberlo. Podemos saberlo *a posteriori*, pero nunca antes o durante el acontecimiento, porque nunca sabemos la cantidad de información que hemos de reunir para tomar la decisión correcta o si la información es relevante para la decisión que hay que adoptar. Por otra parte, toda posible decisión está poderosamente influida por variables impredecibles.

Imaginemos que acabamos de cerrar un contrato comercial con cierta empresa y que todo parece en orden, pero no podemos saber que el presidente de esa corporación –del que depende todo– resbalará con una piel de plátano y se golpeará en la cabeza de forma grave. ¿Quién podría haber previsto esta eventualidad? ¿Qué podrías haber hecho? ¿Contratar una póliza de seguros que incluyera los riesgos potenciales de las pieles de plátano? ¿Cuán exhaustiva tendría que ser la póliza? ¿Cómo saber que no estás gastando dinero inútilmente?

Esta es la ansiedad a la que nos enfrentamos. Al intentar gobernar nuestras vidas mediante el ejercicio del control y la voluntad consciente, deberíamos entender que está más allá de nuestra comprensión. No podemos comprender todo lo que necesitamos entender, porque no nos es posible prever todas las posibles eventualidades. Intentar controlar las cosas tal como lo hacemos produce un tipo de existencia marcada por una constante sensación de frustración; durante miles de años la gente se ha referido a esto como a la *Caída*. La idea es que hemos sido expulsados de una Edad Dorada, que algo esencial se ha perdido: una forma de existencia privilegiada, antigua, universal. En determinado momento del pasado, todo fluía de acuerdo al curso de la naturaleza; es lo que algunos llaman el Tao.

La idea de la Caída es responsable de buena parte de los sermones religiosos a lo largo de la historia. Por desgracia, los sermones rara vez hacen bien a alguien; tan solo crean más hipócritas. Si te digo que tienes que implicarte, que tienes que ser generoso, que debes cooperar, que has de ser responsable, estoy insinuando que no lo eres. Por lo tanto, empezamos con una relación marcada por tu resentimiento hacia mí, por decirte estas cosas, y además es probable que te sientas culpable porque tienes la impresión de ser un individuo independiente y con la capacidad para dotarte de todas estas virtudes. Entonces tal vez obedezcas a regañadientes, siguiendo las instrucciones de mi sermón, con resultados desastrosos.

Sigues siendo un individuo egoísta, pero ahora finges no serlo. A largo plazo se impondrá la verdad, y defraudarás a todas las personas que confían en que eres aquel que finges ser y que no eres en absoluto. Tenemos formas sutiles de defraudar a los demás mientras aparentamos hacer exactamente lo que se espera de nosotros, y luego descargamos la frustración en ellos cuando nos sentimos obligados a hacer lo que está en contra de nuestra propia naturaleza. Todos lo hacemos invariablemente, pero nos esforzamos para evitar ser conscientes de la forma en que lo hacemos, porque eso pincharía el globo y revelaría lo que es en realidad: una farsa. Y no nos lo podemos permitir.

Sobre todo, sabemos que hay otra forma posible de ser, y esa es, verdaderamente, la fuente de nuestra nostalgia por alguna suerte de Edad Dorada. Tenemos la sensación de que hubo un tiempo –tal vez en nuestra infancia, o en el útero de nuestra madre, o remontándonos en nuestra historia evolutiva, antes de la invención del lenguaje y la escritura y los números– en que las cosas eran fundamentalmente diferentes y fluían de acuerdo a la naturaleza. Contemplamos a los animales a nuestro alrededor y no nos parecen preocupados. No se afanan en procesos de toma de decisiones, tan solo siguen su instinto. Todo lo que hacen les resulta tan natural como cuando nosotros estornudamos, respiramos o parpadeamos. Simplemente sucede.

Así pues, nos preguntamos: ¿es posible dirigir nuestras vidas de ese modo? En lugar de tomar una patética decisión detrás de otra partiendo de la base de una información incompleta, ¿no sería posible acertar y hacer lo correcto? ¿Responder apropiadamente al campo de fuerzas en el que estamos viviendo? ¿No sentirnos inhibidos y frustrados por nuestros burdos intentos de actuar siempre impulsados por la fuerza y la voluntad?

Los taoístas dirían que, de hecho, existe una forma de vivir así. El problema es que nadie lo creerá, en gran medida porque les aterra que no funcione. Pero debería ser obvio que si eres orgánicamente inteligente en el grado suficiente como para comprender sin un esfuerzo consciente, existe al menos una débil posibilidad de que el tipo de inteligencia que te permite realizar la operación incomprensible de la visión también sea de ayuda en la resolución de otros problemas, especialmente de aquellos que pertenecen a una forma distinta de ser.

En lugar de pensar en el cerebro humano como en una herramienta que flexionamos y utilizamos como un músculo, podemos considerarlo una red de operaciones neurológicas que nunca son realmente conscientes porque no tenemos que atenderlas concienzudamente. Solo un mínimo porcentaje del pensamiento implica procesos verbales. En su mayor parte es una operación física altamente organizada que solo resulta compleja al intentar describirla con palabras, porque el propio pensamiento sucede de forma muy natural, es lo más simple del mundo.

Por lo tanto, si pretendemos adaptarnos al ambiente progresivamente más perturbador que estamos creando para nosotros mismos, ¿deberíamos hacerlo confiando en nosotros mismos de otra forma y empleando nuestras plenas capacidades a fin de comprender nuestros problemas? Es evidente que sí, pero para ello es necesario revisar la idea que tenemos de nosotros mismos.

No somos un ego controlador que habita en el interior de un saco de piel al que imparte órdenes tal como hace un conductor con su vehículo. Esta sería una analogía útil si supiéramos cómo ha sido construido el organismo, pero lo cierto es que no lo sabemos. Pero si, por el contrario, llegamos a entender que somos el campo de fuerzas en el que nos encontramos, con todos sus patrones y su admirable inteligencia, podremos confiar en nosotros y responder espontáneamente a cuanto nos acontezca. En cambio, padecemos una ansiedad constante porque hemos sido educados en una civilización habituada a la doctrina del pecado original, que implica que, posiblemente, no podemos confiar en nosotros mismos.

Los pilotos de las aerolíneas son personas y, por lo tanto, seres falibles. Están a cargo de un avión enorme y los acontecimientos suceden demasiado rápido como para procesar cada detalle con decisiones conscientes, por lo que progresivamente hemos ido incorporando dispositivos automáticos de toma de decisiones en las aeronaves. Sin embargo, en este proceso los pilotos pierden la confianza en sí mismos, ya que no saben cómo funcionan las cosas.

En circunstancias limitadas, procedemos a eliminar mejor los errores mediante el uso de ordenadores, porque un ordenador es más un sistema nervioso que un sistema lingüístico. Los ordenadores pueden realizar y sintetizar un gran número de operaciones simultáneamente. Las palabras, no. Como aquellas que el lector está leyendo, van unas detrás de otras en una única pista. Pero el cerebro humano es mucho más sofisticado que cualquier ordenador que podamos construir; sin embargo, no lo usamos de forma correcta.

Lo curioso de los genios es que normalmente no saben explicar por qué lo son. No lo pueden enseñar a los demás. Tal vez sugieran que hace falta trabajar duro, y eso es cierto, pero el trabajo duro no produce genios. Es más bien un acompañamiento necesario a un arte. Cuando yo era un niño en edad escolar –entre los siete y los nueve años–, era considerado estúpido porque suspendía los exámenes y obtenía notas muy malas. Al mismo tiempo, estaba absolutamente fascinado por los libros; los amaba. Los coleccionaba, los leía y adoraba su olor y su aspecto, pero nadie entendió lo importantes que eran para mí. Buscaba mejorar en la escuela, pero no sabía cómo, por lo que estudié los ejemplos disponibles de inteligencia, algunos de los profesores que más admiraba, creyendo que podría ser inteligente imitándolos: copiando su escritura, su forma de vestir, sus gestos, su manera de hablar y otros aspectos. Era como si creyera que, gracias a alguna especie de magia simpática, fuera a adquirir el misterioso poder del que carecía.

{ Nos han lavado el cerebro para hacernos creer
en el pecado original, según el cual
no se puede confiar en el inconsciente. }

De un modo similar, todas las enfermeras que conocí en mi infancia parecían tener una preocupación particular por el estreñimiento. Insistían en que teníamos que hacer nuestros deberes (así lo llamaban) todos los días, y si no obedecías, había una serie de castigos graduados, porque el criterio fundamental para la salud parecía ser, exclusivamente, no estar estreñido. Primero te daban un brebaje conocido como sirope de higos de California. Si eso no funcionaba, te hacían beber té senna. Luego pasaban a darte cáscara sagrada y, si era necesario, aceite de ricino, un brebaje realmente repugnante. El problema es que al recurrir a esos remedios, el tracto intestinal se irritaba de tal manera que te estreñías de verdad y el problema volvía a empezar.

Es evidente que estas soluciones no eran útiles para esos problemas. El error primordial en ellas es la tendencia a emitir una orden para que la mente consciente produzca un resultado que es totalmente incapaz de generar. La mente consciente no tiene nada que ver con estar o no estreñido. Esto incumbe al inconsciente, aunque prefiero llamarlo superconsciente, pues es más inteligente que la conciencia y mucho más fiable. Sin embargo, nos cuesta aceptar esta idea porque nos han lavado el cerebro para creer en el pecado original, según el cual no se puede confiar en el inconsciente. Y si tardamos uno o dos días en ir al baño, pensamos que hemos incurrido en un acto pecaminoso, que algo anda mal en nosotros.

La actitud que se refleja en este ejemplo más bien trivial es omnipresente. Encarna nuestra forma habitual de ser. Todos hemos sido hipnotizados para creer y fomentar estos mensajes particulares: «Tienes que ser bueno», «Tienes que ser libre», «Tienes que tomar las decisiones correctas», etcétera. Como resultado de estos mensajes, respondemos de dos formas: o perdemos los nervios o nos abrimos paso resueltamente en la existencia. En la primera respuesta, comprendemos lo que se espera de nosotros y descubrimos que es excesivo –sencillamente, no podemos tomar las decisiones correctas– y, por lo tanto, le damos la espalda a todo y tiramos la toalla. En la respuesta opuesta, apretamos los dientes, nos ponemos manos a la obra y hacemos lo posible para ser recompensados. Nos esforzamos todo lo que se espera de nosotros, adquirimos cada vez más poder y todo parece ir como la seda. Sin embargo, los problemas son infinitos. Siempre hay algo más en lo que pensar, algo que arreglar o controlar. Y como no podemos ocuparnos de todo a la vez, hemos de delegar en otras inteligencias; por ejemplo, los ordenadores.

Independientemente de estas otras fuentes de inteligencia, sigue habiendo una persona que cree estar al mando con su intelecto consciente, y esta persona se siente progresivamente más y más responsable. Imagina que eres el presidente de Estados Unidos. No sabes lo que estás haciendo. Tienes que tomar muchas decisiones. No tienes vida privada porque te rodean teléfonos, el servicio secreto, secretarios y demás personal, y cualquier cosa que hagas no supone diferencia alguna. Todo el mundo pone objeciones. Todos tienen alguna crítica. Todo el mundo te increpa. Y la única forma de aislarte de todo ello es intentar otro planteamiento y desistir, dejar de escuchar y todo lo demás.

Por lo tanto, estás atrapado. Esto es lo que le sucede a quien intenta encarnar a Dios de forma errónea. En realidad, todo el mundo es Dios, por lo que no hay que intentar serlo. Si intentas ser Dios, lo harás con una limitada facultad de toma de decisiones y de pensamiento consciente, lo que es una forma más bien burda de controlar lo que sucede en el mundo. Así nunca serás Dios. Si Dios tuviera que pensar en cada batir de alas de cada mosquito, sucumbiría al colapso nervioso.

Esta no es una forma de vida ideal; no es la mejor manera de gestionar los acontecimientos. Más bien hay que gestionarlos tal y como hace el cuerpo: se organiza sin pensar en ello. Posee inteligencia, pero no una específicamente lineal o verbal. Es una inteligencia multidimensional, multivariable, en la que todo sucede al unísono. Y si no nos reencontramos con ese tipo de inteligencia, tendremos problemas. Ya está aquí. Tenemos que darle una oportunidad.

Sinergia y la única ciudad mundial

Buckminster Fuller es un ingeniero filosófico, una de las mentes más creativas del mundo moderno.[3] Su principal activo es haber inventado la cúpula geodésica, pero al margen de ello es responsable de transmitir un pensamiento fascinante sobre el futuro de la tecnología y la situación de nuestra especie en el universo. También ha ideado el término *sinergia*, a partir del griego *sun* («junto») y *ergon* («trabajo»).

Lo que Fuller quiere transmitir con la palabra sinergia es el hecho de que todo organismo complejo implica, como un todo, una inteligencia que excede la suma de sus partes. Por lo tanto, declara que el complejo industrial-natural en el que vivimos se mueve en cierta dirección, tanto si queremos como si no, Buckminster Fuller también afirma que este todo mayor es capaz de organizar nuestro comportamiento de una forma más inteligente que nosotros y que la creciente complejidad de nuestro mundo desterrará por sí mismo realidades como la locura de la guerra. Por último, nos encontraremos progresivamente organizados por un sistema inteligente no sometido a nuestra dirección consciente y que, sin embargo, aún nos hará sentir como identidades individuales que habitan cuerpos autónomos.

Todos los medios de comunicación que operan hoy –radio, televisión, teléfono, etcétera– constituyen una especie de red global, en cierto modo afín a la idea de Teilhard de una noosfera, *una esfera de pensamiento que rodea nuestro planeta y que ha evolucionado con el tiempo, pero en gran medida sigue formando parte de la naturaleza.* La *geosfera* está formada por los materiales que configuran nuestro planeta, la *biosfera* es el reino de los organismos vivientes por encima de la geosfera, y la biosfera genera, a su vez, la noosfera, la red de comunicaciones que conocemos como mente.

Como resultado de la red de transportes –gracias específicamente al desarrollo del tráfico aéreo–, todos los lugares comunicados entre sí se transforman de manera gradual en un mismo lugar. Si volamos a Tokio desde cualquier ciudad importante del mundo, podremos tener algunas dudas respecto a dónde estamos porque en la actualidad Tokio es una mezcla de Los Ángeles, París, San Francisco, Shanghái, Londres y otras ciudades de Japón. Del mismo modo, si vivimos en San Francisco, advertiremos que empieza a parecerse a Tokio: la gente usa palillos y tatamis en sus hogares, cocinan en parrillas hibachi y cenan en maravillosos restaurantes de sushi. Podemos comprar en supermercados que venden todo tipo de mercancías japonesas, por no hablar de productos de la India o África. Así, la cercanía a un determinado lugar es una mera cuestión de transporte. Hay lugares de Estados Unidos a los que me lleva más tiempo llegar que, por ejemplo, a Tokio.

En el pasado, era la distancia entre los lugares la que marcaba la diferencia. Al utilizar la tecnología para ir de un lado a otro a mayor velocidad, el lugar de llegada pierde valor porque hemos eliminado la distancia entre las dos ubicaciones. Si eliminamos la distancia, *allí* es lo mismo que *aquí*, y no tiene sentido desplazarse de un lugar a otro. Por eso digo que ya no tiene sentido ir a Honolulú. En todos los aspectos, es el mismo lugar que aquel en el que estoy. Y ciertamente no tiene sentido volar de Los Ángeles a Tokio, salvo por un par de pequeños bares que ofrecen un sushi exquisito, que ahora también se consigue en Los Ángeles, por lo que prácticamente es el mismo sitio. Y ambos enclaves adolecen de la misma contaminación.

Sin embargo, mantener a la gente viajando por todo el mundo supone un gran negocio; los aviones son caros y deben volar constantemente. Y un curioso resultado de los avances en la red de transporte es que a los políticos y otros estamentos cada vez les resulta más difícil mantener el interés en propiciar y mantener guerras con otros países. Incluso ahora, la mayoría de nuestras guerras son experimentales. Ocurren en áreas confinadas y se realizan contra personas que no importan a nadie y con la finalidad de poner a prueba técnicas y equipo militar; se trata de técnicas minuciosamente orquestadas. No obstante, estas guerras despiertan pasiones y perturban a gentes de todo el mundo, porque no existen pueblos irrelevantes e incluso esas guerras menores son cada vez más difíciles de gestionar. Esta es una de las razones por las que Fuller se muestra tan esperanzado respecto al futuro. Cree que la sinergia –la inteligencia del sistema total– superará la ira de los individuos, las piezas problemáticas e incapaces de actuar con una plena comprensión de lo que está pasando.

Este autor también predice la llegada de una única ciudad mundial. Como vemos, esto está sucediendo a gran velocidad. La velocidad de la transición es tal que nos es difícil adaptarnos, como cuando un ascensor baja muy rápido o volamos a Londres y sentimos que nuestra mente sigue en San Francisco. Nos lleva un tiempo adaptarnos porque todos nuestros ritmos psicológicos resultan perturbados y, en tanto individuos, nos cuesta asimilar un panorama general, especialmente con la proliferación de la información en el mundo actual. Incluso a los comités de expertos les cuesta organizar, controlar e integrar toda esta información; imaginemos lo que debe ser para un solo individuo.

Privacidad, artificialidad e identidad

Toda esta innovación tiene a mucha gente inquieta, y a un buen número les preocupa que la extensión de la red global de la que estoy hablando –especialmente el aspecto electrónico de la red– signifique la abolición de la privacidad individual.

Es un tema recurrente en la obra de Marshall MacLuhan.[4] McLuhan declaró que la rueda es la extensión natural de nuestros pies, que el carro es la extensión natural de la rueda, que el automóvil es la extensión natural del carro, etcétera. Estos pasos progresivos son extensiones tecnológicas del organismo humano, y las redes electrónicas por las que tanta gente está preocupada –teléfonos, radios, televisiones, ordenadores, etcétera– no son más que una mera extensión de nuestro sistema nervioso.

Los avances en la red electrónica se suceden a una velocidad asombrosa. Antes de que nos demos cuenta, en nuestros hogares dispondremos de estancias con pantallas que nos permitirán teclear un código y acceder a cualquier libro de la Biblioteca del Congreso, y podremos hacerlo a nuestro propio ritmo. Pronto tendremos la capacidad de utilizar el láser para crear una imagen tridimensional en color que proyectaremos en una determinada área e incluso podremos introducirnos en ella. Y cuando la reproducción sea técnicamente perfecta, no seremos capaces de diferenciar entre el original y la representación. Ante fenómenos así, nos planteamos la cuestión de dónde queda lo humano.

También está la pregunta de quiénes somos. Dentro de poco podremos fabricar órganos del cuerpo humano en una sustancia plástica perfecta, de modo que si nos falla el corazón o los riñones, el cirujano los sustituirá por una reproducción que cumplirá la misma función. Tal vez nunca se pueda reproducir el cerebro, pero sin duda se podrá insertar un dispositivo que lo vincule a cierto tipo de sistema informático. Y si nos cambian determinados órganos y partes del cuerpo, ¿seguiremos siendo los mismos individuos?

{ La distinción entre artificial y natural es
en sí misma artificial. }

Evidentemente, este proceso de sustitución ocurre de forma natural en nuestro organismo, tal como sucede en estructuras más amplias y en instituciones como la Universidad de California. Aunque los estudiantes, la facultad, la administración, los edificios y otras señales distintivas cambian constantemente, aún la reconocemos como Universidad de California. La universidad es un patrón de comportamiento, y los organismos implicados en ese patrón sufren cambios mientras el patrón conserva una continuidad identificable. Es lo que ocurre con un remolino en una corriente: el agua atraviesa el patrón y, en cierto sentido, el remolino nunca es el mismo. Lo que llamamos Universidad de California es el alma, y su expresión corporal está sometida a una transformación constante. Análogamente, todos somos ecos electrónicos de nosotros mismos. Desde el punto de vista de la física, somos los patrones electrónicos más notables.

En las experiencias psicodélicas, algunas personas viven lo que se conoce como *muñeca de plástico*, una experiencia en la que la realidad circundante parece estar hecha de plástico barato e inorgánico. Otros tienen una vivencia opuesta: perciben que la realidad está formada por joyas vivientes de las que emana una beatífica luz interior. En general, la versión del plástico no es la preferible. Sugiere una visión diabólica, pero es habitual que gracias a ese tipo de visión el individuo acceda a una intuición más profunda. Si somos capaces de profundizar en cualquier experiencia –es decir, si podemos explorar cierta sensación o sentimiento para descubrir todas sus implicaciones, independientemente de que nos gusten o no–, descubriremos que la experiencia de la muñeca de plástico nos permite un gozo y una concienciación superiores a los derivados de la contemplación de realidades que a primera vista resultan amables.

Consideramos la tecnología como algo artificial, pero en realidad no hay nada artificial. Voy más lejos y afirmo que la distinción entre *artificial* y *natural* es en sí misma artificial y que las construcciones de los seres humanos no son menos antinaturales que los nidos de pájaros y las colmenas de abejas. Como dice MacLuhan, nuestras construcciones son extensiones de nosotros mismos.

Sin embargo, ¿qué le ocurre a nuestra privacidad si todos estamos informatizados y ninguno se oculta? Las empresas telefónicas tienen una especie de regulación según la cual no podemos desconectar nuestro teléfono. Podemos hacerlo con una determinada extensión en nuestro hogar, pero no podemos desconectar la línea principal. Si lo dejamos descolgado el tiempo suficiente, el teléfono empieza a zumbar. Algunos predicen que solo es cuestión de tiempo que nuestros teléfonos convencionales desaparezcan y sean sustituidos por dispositivos individuales del tamaño de un reloj de bolsillo: en uno de los lados habrá un altavoz y una pantalla de televisión; en el otro un conjunto de botones que podremos usar para activar diversas funciones o enviar información sobre el estado del mundo a un individuo determinado. Y si esa persona no responde, significará que ha fallecido. En tales circunstancias, ya no habrá nadie susceptible de perderse.

En todas partes observamos la ley de los pedúnculos. Las vías férreas se tornan progresivamente obsoletas ante la llegada de los automóviles, y a cada año que pasa hay menos viejas vías oxidadas en activo. Con el desarrollo de la aviación, las carreteras se vuelven lentamente anacrónicas, y los cables y las fibras de conectividad de todo tipo de comunicaciones también adquieren una naturaleza obsoleta. A medida que aparecen nuevas tecnologías, desaparecen los vínculos de conexión de las formas antiguas. En algún momento del futuro, la comunicación electrónica ocupará el lugar de los viajes en avión, porque gracias al láser podré recrearme a mí mismo ante mi padre en Inglaterra, como si estuviera sentado en su misma habitación. Podemos concebir –como ya han hecho algunos autores de ciencia ficción– una atroz situación en la que no necesitaremos abandonar nuestro lugar de residencia. La comida que necesitemos nos será suministrada automáticamente. ¿Cuál es el paso siguiente? Tal vez hagamos desaparecer los alimentos y consumamos esencias especiales, o nos sometamos a algún tipo de estimulación electrónica que sustituya el proceso de la digestión.

En cierto momento, el único pedúnculo que quedará de todo lo que tenemos hoy será la caja negra de instrumentos electrónicos. Entonces seremos tan etéreos que realizaremos la transición a la telepatía y la comunicación psíquica, lo que significará que toda la privacidad se desvanecerá. Tus pensamientos serán fácilmente leídos por cualquiera: tu interioridad será un libro abierto. Y esto es lo que más temen los estadounidenses y británicos bien educados: la conversión de la humanidad en un hormiguero de la peor especie.

En Inglaterra decimos que nuestro hogar es nuestro castillo. Todo el mundo necesita un castillo, un lugar en el que apartarnos de todo y ser nosotros mismos. Digamos que tenemos uno. Digamos que nos alejamos de todo y estamos en nuestro castillo oficiando de nosotros mismos. Bueno, por desgracia estamos ahí, ejerciendo nuestra identidad, acompañados de muchos pensamientos que no son nuestros. Pensamos con una lengua que nos ha sido dada por otros y que contiene sus propias ideas y prejuicios, y nada podemos hacer para evitarlo. Algunos japoneses que conozco me dicen que cuando piensan en japonés experimentan ciertos sentimientos típicamente japoneses, pero cuando piensan en inglés, el acceso a esas emociones les está vedado.

Si piensas, ya estás en la esfera de la influencia pública. Tus pensamientos suceden en un tono de voz que se parece al de tu padre, tu madre, tu tío, tu profesor o un amigo especialmente dogmático que te dice quién eres y cómo debes comportarte. En la bóveda de tu cráneo hay un pandemonio constante: una miríada de voces e influencias que se ciernen sobre ti incluso cuando estás físicamente solo. Crees que son tus pensamientos, pero no lo son. Y eso significa que no eres un individuo tan dotado de privacidad como creías. Tú también ejerces esas influencias en otras personas. Constantemente les dices quiénes son, qué piensas de ellos y de su conducta. Y aunque no te crean, te prestan, sin embargo, una atención considerable. No pueden evitarlo.

A B.F. Skinner le gustaba realizar un experimento aterrador en el que enviaba fuera de clase a dos estudiantes (A y B, seleccionados arbitrariamente). Skinner pedía al resto de los alumnos que se mostraran de acuerdo con todo lo que decía el estudiante A y en total desacuerdo con el estudiante B; los dos volvían entonces al aula. El evidente resultado era que, al margen de su temperamento, el estudiante A se sentía más animado y estimulado, y ganaba en confianza y elocuencia. Por su parte, el estudiante B se sentía desconcertado, confuso e incómodo. Es un ejemplo extremo de hasta qué punto somos terriblemente influidos por los demás.

Por esta razón, creo que las ideas básicas sobre psicología y psicopatología de Harry Stack Sullivan son más profundas que las de Freud. Freud siempre se centraba en la historia y la psicología individual, en la interioridad de cada persona, mientras Sullivan concebía lo individual como una expresión particular de una red social. George Herbert Mead también enseñaba esto. Llamó a las concepciones que tenemos sobre nosotros mismos el *otro generalizado*, que es la suma total de todas las cosas que los demás nos han dicho sobre nosotros, ya que somos incapaces de conocernos fuera del contexto social. Así como no podemos existir biológicamente sin un padre y una madre, no podemos ostentar una existencia sin la sociedad. La reacción de los demás nos ofrece un espejo en el que alcanzar la autorrealización. Solo sabemos quiénes somos en términos de nuestra relación con los demás.[5]

Por lo tanto, volvamos al tema de la privacidad; podemos considerar la completa integración de la sociedad humana desde dos puntos de vista diferentes: a favor o en contra. En el lado positivo, no hay nada que ocultar y podemos renunciar a toda preocupación en relación con la propiedad. Si alguien quiere algo de nosotros, se lo concedemos, porque sabemos que podemos acudir a otro individuo y recibir de él lo que necesitamos. Por otra parte, nadie tiene pequeños y oscuros secretos, por lo que podemos dejar los pretextos a un lado y disfrutar de una amistad sin barreras ni precauciones. Todos cooperamos con abnegación y nos amamos unos a otros. Por el lado negativo, todo el mundo acaba siendo, básicamente, el mismo individuo. Tal vez a esto se refieran los hindúes cuando afirman que todos somos uno, que todos somos la Divinidad oculta.

Para empezar, parte de nuestra dificultad tiene que ver con cierta concepción de lo que significa ser una persona individual. En el sentido cristiano de *ego*, el alma es una entidad viviente, dotada de conciencia e inteligencia, que está oculta en algún lugar bajo la envoltura de la piel. Como el rey Juan le dice a Humberto en *La vida y muerte del rey Juan*, de Shakespeare: «En este muro de carne hay un alma que te considera como su acreedor y aspira a pagar tu cariño». ¿Percibimos la imagen? El muro de carne contiene el alma. El castillo contiene al rey. Nos han hecho creer que somos un alma en el interior de un cuerpo y que toda alma existente posee un valor infinito a ojos de Dios.

Desde la Revolución Industrial hemos instituido una asombrosa campaña tecnológica para preservar al individuo. Todo tipo de servicios sociales, hospitales, ambulancias, medicinas, agencias de bienestar, etcétera, se dedican a proteger la vida, a permitirnos vivir cada vez más tiempo y a ofrecernos lo que se ha dado en llamar una oportunidad plena para desarrollar nuestra personalidad. Este tipo de idea era casi impensable en Asia hasta que exportamos nuestros métodos de industrialización e higiene y el mensaje de que toda persona es un individuo que ha de ser amado, respetado y tratado correctamente porque cada organismo humano particular es muy valioso. El gran movimiento humanitario del siglo XIX se basaba en esta creencia, e individuos como John Wesley, Charles Dickens y Archibald Foss, entre otros, dedicaron su vida a rescatar al precioso individuo de la devastación de la enfermedad impersonal y de la explotación política.

Desde que el liberalismo capitalista americano alcanzó la cumbre de este ideal, nos hemos vuelto recelosos ante cualquier otra realidad, especialmente si está teñida de algún elemento socialista o comunista. Nuestra teoría del capitalismo liberal en Estados Unidos es que el estado es el servidor del individuo y que la policía, el ejército y los funcionarios del gobierno son empleados nuestros y están ahí para servirnos. Los llamamos servidores públicos, y de vez en cuando les recordamos que somos nosotros quienes pagamos su sueldo. Hay algo aristocrático en ello. Cada vez son más las personas que consideran que brindar un servicio a los demás, por ejemplo, como camarero o barbero, envilece su dignidad. El oficio de limpiabotas se considera atroz, porque los zapatos están a la altura del suelo, que es lo más bajo a lo que podemos llegar; podríamos incluso besar los pies de la gente mientras realizamos este trabajo. Todo lo que implica destrezas de servicio material es denigrado, por lo que, en nombre de la igualdad, algunos de estos trabajos han alterado su denominación hacia algo más noble y profesional. Ahora los enterradores son agentes funerarios; los conserjes trabajan para servicios de mantenimiento. Tal vez los barberos empiecen a llamarse a sí mismos técnicos de la tonsura.

Hay otro ejemplo que personalmente despierta mi irritación, y es el uso del nombre propio por parte de los extranjeros. Tal vez se deba a mi esnobismo británico, pero me fastidia que el tipo del garaje vea mi tarjeta de crédito y se dirija a mí como «Al». Este nivel de familiaridad es muy común, especialmente en California, y personalmente me sentí muy incómodo cuando me relacioné con mi jefe, el rector de la Universidad del Pacífico, utilizando el nombre propio. La razón de mi incomodidad es que este tipo de relación parece insincera. Él y yo no manteníamos una relación de familiaridad, y el uso del nombre propio solo era un esfuerzo por demostrar que en realidad debería existir ese tipo de relación entre nosotros cuando ninguno de los dos tenía la intención de alentarla. Visto desde fuera, es una práctica muy desconcertante.

Irónicamente, lo que se observa en esta práctica es una especie de socialismo velado: la temible abolición de todo lo individualmente valioso y privado. Las fronteras desaparecen, y da la impresión de que nosotros, en tanto grupo de seres humanos, nos disolvemos en una masa amorfa. Esto nos asusta porque conocemos el grado de control al que se puede someter a las personas cuando desaparecen en una masa amorfa: las legiones de Hitler, por ejemplo, o las hileras idénticamente uniformadas de las tropas chinas.

Se trata de ejemplos contundentes de erradicación del individualismo y la privacidad. Normalmente, los ataques a la privacidad son más prosaicos y psicológicos. Por ejemplo, en el bar nos sentamos cerca de un borracho que se cree un experto o gurú psicológico. Invade nuestra privacidad al negarse a acatar las reglas sociales habituales por medio de las cuales nos comunicamos con los demás sin decir nada en absoluto, por ejemplo, «¿Cómo estás?», «Bien, gracias», «¡Qué buen día hace!», etcétera. Utilizamos estos pequeños tópicos para relacionarnos con los demás y determinar los límites de esa relación, pero hay personas que no siguen la corriente: invaden nuestra privacidad al rechazar el juego, tal vez para aprovecharse de nosotros o descubrir hasta qué punto nos pueden hacer sentir incómodos.

Cuando la gente invade así nuestra privacidad, hay múltiples tácticas de respuesta a nuestra disposición. Por ejemplo, podríamos preguntar: «¿Tu madre nunca te enseñó modales?» o limitarnos a encogernos de hombros, o no decir nada en absoluto. Krishnamurti lo hace así. Si en su presencia criticas a alguien o haces algún tipo de comentario adverso, no responde en absoluto. Es como lanzar una roca a un pozo y esperar un chapoteo que nunca llega.[6] Por otra parte, hay personas como Allen Ginsberg, que –si alguien lo presiona demasiado o invade su mundo de algún modo– se desnuda. Como si dijera: «Vale, si quieres desafiarme, yo elijo las armas». Una actitud admirable: da la impresión de que no tiene nada que ocultar. Si estás completamente desnudo, ya no dependes de ardides materiales para tu mérito personal: ni ropa, ni coche, ni pluma, ni reloj, ni tu casa. Por lo tanto, enfrentarse a la gente en una atmósfera de desnudez física o espiritual puede desarmar completamente a cualquiera que sostenga un rol habitual. Evidentemente, la desnudez no funcionará conmigo, porque estar desnudo no impedirá que hable y me defienda con el lenguaje.

Si no tienes nada que perder, no temerás a nada. Dicho esto, existen formas muy degradadas de despojar a la gente de su privacidad e individualidad: las personas obligadas a vivir en prisiones y en hospitales mentales, por ejemplo. En estos lugares no hay rincones ocultos ni secretos. Los baños están completamente expuestos y todos se hacinan con el mismo uniforme y corte de pelo, como ocurre en el ejército. La idea es degradar ritualmente al individuo a fin de lavarle el cerebro y transformarlo en una obediente herramienta del sistema. ¿Y adónde nos conduce esta situación? De nuevo a la política monárquica, porque no importa si el sistema que controla a la gente está dirigido por un monarca individual o por un Estado totalitario. No hay diferencia alguna.

Grupos y multitudes

Esto nos lleva a la diferencia entre grupos y multitudes. Esta distinción es esencial para evitar los aspectos amenazantes en una sociedad en la que no existe la privacidad. Una multitud es un conjunto de individuos idénticos, convenientemente dominados por un líder. Una vez más, no importa que el líder sea un individuo o una entidad burocrática. La multitud y el líder en realidad no se comunican entre sí. Por ejemplo, cuando un político habla ante una enorme audiencia, esa audiencia está formada por multitud de individuos que en su mayor parte no se conocen entre sí, y la comunicación solo se produce en una dirección. El político se dirige a la multitud, y esta no puede responder a menos que lo haga como un grupo, como en el «*Sieg Heil!*». Solo puede replicar como colectivo.

{ Es mucho más difícil embaucar a un grupo
de personas que se comunican entre sí. }

Por otra parte, un grupo presenta un diseño opuesto. Un grupo carece de líder específico, porque el propio grupo es un organismo. Las líneas de comunicación en un grupo son multidimensionales; fluyen en todas direcciones. Por ello, un grupo eficaz de seres humanos es aquel en el que no hay demasiados individuos, porque así cada cual conoce a todos los demás y es capaz de comunicarse con todos. Si el grupo es muy grande, se forman subgrupos, y cada uno de ellos nombra a un representante para comunicarse con los representantes de los otros subgrupos. Este fue, evidentemente, el diseño original de la República de Estados Unidos.

El problema surge cuando este acuerdo se transforma en una jerarquía de estructuras celulares en las que los miembros de los diversos subgrupos ya no están en comunicación entre sí. Simplemente, es demasiado complicado que un individuo realice el seguimiento de toda la estructura. Por esta razón, en Estados Unidos hay una enorme diferencia entre un determinado individuo y un representante electoral, que es el verdadero responsable de elegir al presidente. Los miembros del grupo ignoran cada vez más cosas, y su implicación en la gestión global de los asuntos queda considerablemente restringida.

Embaucar, por medio de la persuasión de masas, a un gran número de personas y conseguir que hagan lo que queramos es la cosa más fácil del mundo. Todos los dictadores se votan a sí mismos por medio de un referéndum. Pero es mucho más difícil embaucar a un grupo de personas que se comunican entre sí. Un estado monolítico es plenamente paternalista, y una comunidad tribal es algo muy distinto. Sin embargo, una tribu tiene que ser lo suficientemente reducida para mantener y fomentar este tipo de debate; no el voto, sino el consenso por medio del debate. Los cuáqueros y los indios americanos saben que votar es un procedimiento poco razonable. A diferencia de las multitudes, los grupos se reúnen y encuentran soluciones.

También es fácil confundir a la gente y hacerles creer que son un grupo y no una multitud. Es habitual, por ejemplo, que las personas en sus hogares a lo largo y ancho de Estados Unidos vean el mismo programa de televisión en una especie de gran conexión nacional. Cuanto más evolucionan los dispositivos microelectrónicos, mayor es la capacidad de este tipo de conexiones, porque los programas son más fáciles de producir, grabar, emitir, y mejor es la recepción en los hogares. Por otra parte, hay una creciente oferta de material para un número cada vez mayor de canales electrónicos. McLuhan dice que todo esto tiene que ver con nuestra exposición e implicación en un medio televisado.

Al conectarnos a través de los medios, nos impresiona lo que parece ser una inmensa red de comunicación humana de todo tipo. Por supuesto, esta clase de comunicación no tiene nada que ver con contactar físicamente con otra persona, con comunicarnos directamente con ella. El mero acto de tocar puede enviar un mensaje de afecto o amor. A la gente le encanta pasear por las calles y mezclarse con multitudes interesantes de otros individuos mientras compran o deambulan de acá para allá, sin dirigirles la palabra, pero disfrutando de la excitante sensación de participar en las pintorescas idas y venidas de los demás.

La televisión puede hacernos pensar de nosotros mismos lo que la anciana campesina italiana que observa el mundo ajetreado desde el alféizar de su ventana: parece haber algo fundamentalmente bueno en él, algo que podemos asociar con pueblos llamativos, calles rutilantes y los amores de un campesino arcaico. Y la observación del siempre cambiante panorama vital no está completamente descartada por parte de la tecnología electrónica siempre que la gente se organice en grupos: una verdadera red. Pero no se trata de una red; es una trampa.

3. Dinero y materialismo

Hasta que superemos nuestro particular complejo alucinatorio de la separación, será difícil crear una nueva relación con el dinero, nuestras posesiones y el presente material. Ignorar la inseparabilidad de todas las cosas acompaña a una mala o inadecuada relación con el presente material, y todo lo que tenemos es el presente. Hablo del presente material porque es crucial para comprender que siempre hemos vivido en el instante presente y que siempre viviremos en él, y que no existe otro tiempo que el ahora. El pasado y el futuro solo son abstracciones.

Sin embargo, no hemos de pensar en el presente como en una fracción de segundo, como si observáramos el segundero de nuestro reloj, porque esta perspectiva es meramente abstracta. Los fabricantes de relojes dibujan estas marcas del tamaño más pequeño posible, y el segundero pasa por ellas tan rápidamente que apenas tenemos tiempo de decir «ahora», y llegamos a pensar que esa fracción de tiempo es el instante presente, pero no lo es. El presente es más bien un campo de visión ovalado con un centro nítido y bordes difuminados. Cuando escuchamos música, no escuchamos una nota cada vez; la escuchamos en frases, anticipamos lo que va a venir y recordamos lo que acaba de sonar. Esta es la perspectiva amplia, pero de límites difuminados que llamamos presente.

En esta cultura, no nos han educado para entenderlo así, y esto tiene algo que ver con nuestra forma de vivir para el futuro. Vivimos para el futuro fundamentalmente porque nuestro presente es inadecuado, y nuestro presente es inadecuado porque no lo percibimos en su plenitud. Lo percibimos en términos de abstracciones. Por esta razón siempre oteamos el futuro en busca de otra cosa, de algo más –más vida, más tiempo, o cualquier otro elemento–, porque uno de esos días todo irá bien, y aquello que esperamos acontecerá, afortunadamente. Por supuesto, nunca ocurre así. No si vivimos de esta manera. Porque cuando alcanzamos todos nuestros objetivos en la vida y llegamos a la cúspide de nuestra profesión y tenemos una maravillosa esposa e hijos, nos sentimos exactamente igual. Seguiremos buscando algo en el futuro, cuando el futuro no existe; no en realidad. Por lo tanto, solo tiene sentido que las personas que viven en una relación adecuada con el presente material hagan planes, porque, si estos funcionan, serán capaces de disfrutarlos. Pero si no habitamos plenamente el instante presente y nuestra mente vagabundea por otros lares, pasaremos hambre y siempre nos apresuraremos de un lado a otro. Y no hay ningún lugar al que ir, salvo el aquí.

Nuestras escuelas no nos preparan para relacionarnos con el presente material. Por el contrario, hemos sido educados para convertirnos en burócratas, contables, abogados y doctores, profesiones a las que se les da bien hacer dinero, algo que parece terriblemente importante. Y a los niños que no se adaptan a la educación universitaria que estas carreras exigen se les ofrece, a regañadientes, cursos sobre ventas y oficios manuales. Oímos bromas respecto a recibir el título de licenciatura en cestería de parte de una universidad estadounidense, pero eso sería una verdadera mejora de la situación. La cuestión más acuciante es que nos han animado a obsesionarnos con la vida de las abstracciones, con problemas de estatus y con el mundo *como* entidad simbolizada y no que *hay que* simbolizar. Esto explica nuestro complejo con el dinero. En lo que respecta a eso, la mayoría de nosotros somos incapaces de relacionarnos directamente con la existencia física.

Lo material es lo espiritual

El Congreso Mundial de la Fe se celebró en Londres en 1936. Sarvepalli Radhakrishnan, Yusuf Ali, D.T. Suzuki y muchos otros famosos eruditos y expertos acudieron a él, y el encuentro final del congreso se celebró en el Salón de la Reina, un auditorio gigantesco. El tema de la sesión era «El ideal espiritual supremo» y representantes de todas las tradiciones religiosas del mundo tomaron la palabra y se extendieron en dilatadas y huecas disertaciones. Suzuki fue el último orador. Se expresó más o menos en estos términos: «Esta noche me siento confuso. Soy un simple campesino procedente de un confín

remoto y me encuentro aquí, en esta asamblea de gente ins-
truida. Se supone que debo hablar de ideas espirituales supre-
mas, pero no sé lo que eso significa; he buscado la palabra
espiritual en el diccionario, pero no la comprendo. Supuestamente, lo espiritual está separado del mundo material, pero
para mí ambos son irreales». A continuación, describió su casa
y su jardín en Japón, con todo lujo de detalles.

Al acabar, recibió una ovación en pie. Él era de verdad. Se
presentó de forma encantadora, inteligible y humana, muy distinto a un mero predicador. Y lo que planteó era de una importancia capital: si comprendemos correctamente lo espiritual,
no resulta diferente de lo que denominamos material.

*{ En modo alguno lo espiritual tiene algo que ver
con las abstracciones. }*

La palabra *material* se malinterpreta. Podemos usarla para
hablar de nuestro cuerpo, la tierra, las rocas, los árboles, los
animales y todo lo demás, y consideramos que ese material es
diferente a lo espiritual o a lo mental, que concebimos como
una suerte de reino vagamente etéreo que atraviesa el mundo
material. O, en lugar de etéreo, abstracto: un mundo de ideas,
un mundo de principios. Sin embargo, esta división es extraña
y degradante, porque los ámbitos espiritual y material solo están dotados de vitalidad cuando se manifiestan juntos.

Si observamos lo material en lo espiritual y lo espiritual en
lo material, ambos conceptos tenderán a desaparecer. Si tene-

mos una relación inmediata y consciente con el presente, nuestra visión del mundo material se transformará y descubriremos que no es material, sino espiritual: es indefinible. Es lo que es y no hay forma de describirlo. No podemos clasificarlo en una categoría particular, y solo podemos encontrar lo que podemos clasificar.

Lo material es lo espiritual, pero para comprender esto hemos de distinguir entre lo material y lo abstracto, asegurándonos de no confundir lo abstracto con lo espiritual. El mundo abstracto está compuesto por símbolos, palabras y conceptos, y tiene la misma relación con el universo físico como un menú con la cena o el dinero con la riqueza. En modo alguno lo espiritual tiene algo que ver con las abstracciones; en realidad está mucho más cerca de lo que llamamos realidad física o mundo material.

La palabra *material* se emplea para hablar de algo que puede ser «medido» o «calculado». Cuando decimos que algo es *inmaterial*, queremos decir que es insustancial, que no puede medirse ni equivale a nada. El mundo medido –el mundo representado en kilos, kilómetros, decibelios, fotones, etcétera– es, evidentemente, abstracto, porque al medir el mundo, no influimos en él. Lo que consideramos el ecuador no divide el mundo en dos mitades.

¿Qué es el mundo al que imponemos nuestras mediciones? Podemos señalarlo, pero no podemos decir lo que es realmente. Lo que Alfred Korzybski llama el *mundo innombrable* no es una *cosa*, sino el lugar que realmente habitamos. Por lo tanto, cuando hablo de presente material, no me refiero al presente medido, sino al presente físico del verdadero ser no verbal.

Las personas que no se relacionan bien con el presente material –el presente físico– llegan a ser incompetentes en las artes prácticas de la vida. Son malos cocineros, malos amantes, malos arquitectos, malos alfareros, malos sastres, y ello porque en realidad solo aman las abstracciones: cantidades, dinero, estatus y símbolos. La gente está tan embaucada por los símbolos que se adhiere al símbolo antes que a lo que este significa. Pero si buscamos aquello hacia lo que apunta el símbolo, el mundo será nuestro, porque todo lo representado por un símbolo es inseparable del universo en su conjunto.

Al pescar un pez, no es solo un pez lo que hemos atrapado. Nos alimenta el océano y todo lo que se acompasa con el océano. Nos sostiene esa vida colosal, como si el océano se acercara a nosotros y nos diera de comer. Esta es la verdadera razón para dar las gracias en la comida. Algunos dan las gracias a Dios, pero una expresión más concreta de gratitud es darlas a los peces y después al océano y a todo lo demás.

Cuando la mayoría de nosotros habla del mundo físico, solemos pensar en él de forma despectiva. Sin embargo, cuando los teólogos hablamos de *los males de la carne*, no nos referimos al cuerpo físico, sino más bien a la concepción del cuerpo como algo que ha de ser explotado para satisfacer nuestro vacío espiritual. Por lo tanto, al hablar de materialismo, en realidad tampoco estamos hablando de materialismo. Por el contrario, nos referimos a una concepción abstracta del valor del mundo material. El verdadero materialismo sería el amor a las cosas materiales, y esto es algo muy diferente al materialismo que observamos a nuestro alrededor. Si realmente estamos conectados a nuestros sentidos y al supuesto mundo físico, nos aguardan muchas sorpresas agradables.

Uno de los problemas de Occidente es que pensamos en la relación entre lo espiritual y lo físico por medio de la analogía entre forma y materia, en la que una vasija es una forma realizada a partir de la materia arcillosa. No podemos vincular ambas, porque estamos anclados a una concepción de la materia en la que esta es una especie de sustancia primordial que carece de inteligencia o energía. Por ello, cuando pensamos en el mundo en términos de forma y materia unidas, tenemos que evocar una iniciativa externa que informe la materia, le confiera forma y orden, y produzca arte.

Es un dualismo sin sentido. Nadie ha visto nunca una forma inmaterial, así como nadie ha percibido jamás una materia sin forma. ¿De qué sustancia está hecho el universo? *Sustancia* es, de hecho, una palabra a partir de la cual concebimos el universo a través de una lente errónea. Cuando nuestra visión de algo no es nítida, está desenfocada, y ese desenfoque o carácter borroso es lo que llamamos *sustancia*. Sin embargo, si nuestra visión es límpida, descubrimos los patrones, detalles y estructura. Y al observar con más detenimiento esos patrones y estructuras, todo empieza a volverse confuso otra vez; hasta que ampliamos la imagen, y todo vuelve a ser nítido de nuevo, y descubrimos patrones, detalles y estructuras más pequeñas.

Por lo tanto, siempre descubrimos un mundo gobernado por patrones –nunca como sustancia– y, en este sentido, el mundo físico que nos rodea es inmaterial. Es una fantástica pulsación de vibraciones que nos confiere una ilusión de solidez, como cuando hago girar un cigarrillo encendido en la oscuridad y da la impresión de que en el aire se traza un círculo continuo de fuego o luz. Así, el movimiento aparente del instante presente desde el pasado hasta el futuro nos ofrece la ilusión de continuidad, como si algo se extendiera a lo largo del tiempo. La mesa parece sólida, pero solo porque vibra con una energía tremenda. Por lo tanto, lo que habitualmente concebimos como mundo material no es lo que creemos que es, sino algo intensamente mágico y extraño.

Como una vez dijo Spinoza, cuanto mejor conocemos las cosas particulares, más conocemos a Dios. Si queremos descubrir la naturaleza del Buda, si queremos conocer el Brahman, si queremos comprender lo espiritual, lo mejor que podemos hacer es ir directamente al mundo físico y averiguarlo.

Dinero y buena vida

El hecho de que en Occidente estemos tan obsesionados con los logros abstractos se remonta a factores singulares que en nuestra historia tienen que ver con el dinero y las clases sociales. Sin duda el lector conoce las castas originarias de la antigua India, los brahmanes (sacerdotes, teólogos e intelectuales), los kshatriyas (guerreros y gobernantes), los vaishyas (granjeros y mercaderes), los shudras (peones) y los dalits (los intocables). No queremos admitirlo, pero estas castas son perennes; es decir, perduran en nuestras sociedades actuales. Tenemos profesores, empresarios, obreros y la típica hermandad americana con su característico corte de pelo y adicta al fútbol y al alcohol. Todo está ahí.

En el siglo XVI, durante la Reforma, en Europa tuvo lugar un fenómeno curioso: los vaishyas se impusieron a los brahmanes y kshatriyas. La aristocracia feudal empezó a perder poder ante los grandes banqueros de Italia y los burgueses de Europa central, y la Iglesia católica romana vio mermada su influencia porque su doctrina fue criticada y sometida a una creciente sospecha. El protestantismo fue una creación de las ciudades burguesas de Europa, lugares como Ginebra, Frankfurt, Londres, Edimburgo y otras. En consecuencia, el valor monetario empezó a dominar la teología cristiana. El número de días festivos fue reducido por las sectas protestantes porque los mercaderes no querían que sus trabajadores se tomaran esos días de vacaciones. La ética protestante concede un gran valor a las virtudes del ahorro y la frugalidad, que en esencia son la máxima expresión de ideas vaishya.

Así es como Estados Unidos heredó su concepción básica de la buena vida. En gran medida es la creación del protestantismo burgués, razón por la que tenemos una mala relación con el presente material. Todo nuestro mundo se basa en dos ideas contradictorias: primero, ahorra; conserva tu dinero e inviértelo. En segundo lugar, comprar cosas procura la felicidad.

Cuando las personas se sienten incapaces, aburridas o insatisfechas, un gran número de ellas intenta liberarse de esa sensación gastando dinero. Algunos incluso se pasan todo el día comprando: creen que es lo que hay que hacer. Sal de compras todo el día y vuelve a casa cargado de todo tipo de cosas. Desafortunadamente, estas cosas no son verdaderas posesiones materiales; la mayoría son de pésima fabricación, y muchas de ellas resultan inútiles en el hogar. Podemos almacenarlas y mostrarlas a los amigos, pero aunque tengamos seis casas, solo podemos vivir en una a la vez. Lo mismo puede decirse de los caballos o los coches: a menos que realicemos un número de circo, solo podemos utilizar uno a la vez. Aun así, tendemos a sobrecargarnos con posesiones que dificultan nuestra movilidad, porque cada vez que nos desplazamos hemos de transportar todos estos pesados objetos: sillones de gran tamaño y otros muebles enormes, por ejemplo. Representan un fastidio absoluto: tenemos que usar los músculos para arrastrarlos, hay que mantenerlos limpios y alejar a las polillas. Y a esto lo llamamos comodidad material.

No todas las culturas tienen estos complejos. En un salón japonés, encontraremos una mesita con cojines en el suelo, y en lugar de una enorme cama en el dormitorio, un futón que proporciona un descanso delicioso. No hay objetos grandes que arrastrar y mover. Los occidentales no entienden de mobiliario; la mayor parte de lo que tenemos en nuestro hogar es basura con un diseño poco inspirado. No es nada recomendable, y es poco divertido. Nuestros hogares también son horribles. Cuando vemos el tipo de vivienda de la mayoría de los habitantes de Estados Unidos, nos horrorizamos: miles y miles de cubículos en los que no viviría ni un perro.

Nuestra adicción a los logros abstractos también se manifiesta en nuestra vestimenta. En general, nuestra ropa es extravagante en comparación a la que visten otras culturas. Los hombres parecen directores de funeraria, con unos trajes incómodos que casi parecen uniformes militares, y las mujeres llevan vestidos de colores insípidos que cubren todo un sistema de hebillas y aparejos. Hay, por supuesto, excepciones, pero hablo de una cultura que en general ha elegido un estilo de vestir en el que nadie parece disfrutar con lo que lleva puesto.

Vestimos así porque se espera que vayamos tapados y con aspecto decente y, por lo tanto, nuestra indumentaria es lúgubre. La mayor parte de nuestra ropa está hecha de tela, que al ser tejida produce largas tiras rectangulares que tienen poco que ver con los contornos del cuerpo humano. Por eso nuestras chaquetas no se pliegan adecuadamente, y al sacarlas de una maleta hay que plancharlas o limpiarlas en seco. Nuestras camisas también son elaboraciones ridículas que se arrugan y se ensucian con mucha facilidad. Nuestras corbatas son, virtualmente, sogas. Todas estas piezas de ropa carecen de lógica alguna.

El estilo tradicional de vestir en Japón es muy diferente. Sus kimonos no se han visto obligados a adaptarse al cuerpo humano, y sin embargo se ajustan cómodamente; la tela se adapta a la figura de modo natural, confiriendo una cierta dignidad. Los tibetanos tienen un método particular para tratar el algodón con el que elaboran esos amplios hábitos divididos en el centro y con mangas a los lados. Una tarde, cuatro amigos y yo nos probamos uno y todos adquirimos un aura majestuosa: nuestro aspecto era soberbio y dignificado. En Inglaterra, hay *tweeds* tradicionales de las Hébridas; México dispone de tejidos maravillosos y coloridos; India utiliza una estupenda seda para los saris y otras vestimentas; y en Java hay hermosos batiks para los sarongs. Además, estos materiales duran toda la vida y están confeccionados por personas que cumplen con su labor con verdadero entusiasmo, en gran medida porque en su vida no hay mucha diferencia entre el trabajo y el ocio.

{ *El dinero no es práctico hasta que lo gastas y, fundamentalmente, hasta que lo disfrutas.* }

Para nosotros, el trabajo y el ocio son muy diferentes. Trabajamos para ganar dinero y disfrutar de una buena vida y tiempo de descanso. Es una locura. Pasamos la mayor parte del tiempo en trabajos que en realidad no apreciamos, y luego hemos de volver a casa y disfrutar, pero estamos tan cansados que no encontramos tiempo para el ocio hasta el sábado o algún otro día libre. Para muchos de nosotros, el ocio de la tarde se resume en sentarse y ver pasivamente la televisión. En comparación a los habitantes de la India y África, tenemos todo el dinero del mundo: vivimos como la realeza. Alguien podría pensar que vivimos celebrando fiestas, orgías y banquetes constantemente, pero lo cierto es que nuestra existencia está impregnada de desaliento.

Vivir en Beverly Hills es, aparentemente, señal de riqueza. ¿Por qué? ¿Por qué gastar tanto dinero para vivir ahí cuando podemos tener nuestra casa en un lugar con un aire menos contaminado? A los empresarios les gusta pensar que son personas prácticas; dirán que no creen en la filosofía; les gusta la acción; son resolutivos. ¿Es eso lo que significa ser práctico? ¿Ganar mucho dinero para vivir en casas horribles y con un sobrecoste, en barrios atestados? El dinero no es práctico hasta que lo gastas y, fundamentalmente, hasta que lo disfrutas. Y es difícil disfrutar del dinero cuando se gana mucho por temor a perderlo. Alguien nos lo podría arrebatar. Son muchos los que creen que, con más dinero, sus problemas se resolverán. Aumentan sus ingresos –tal vez lo suficiente como para mudarse a Beverly Hills– y entonces empiezan a preocuparse por su salud. Siempre hay algo por lo que preocuparse: siempre. Y aún podemos empeorar la situación intentando hacer y comprar todas aquellas cosas que presuntamente harán desaparecer nuestros problemas.

Debo corregir mi anterior comentario sobre Japón. Por desgracia, nuestra actitud hacia el trabajo y la ropa y otros muchos aspectos de la vida resultan contagiosos. Tengo un amigo japonés que siempre viste ropa occidental en su país. No hay forma de que vista un kimono en Kioto; recurre sobre todo a nuestro estilo de vestimenta –es decir, el traje occidental–, porque no es fácil correr tras el autobús en kimono. Veamos: un kimono no está pensado para tener prisa: ha sido confeccionado para la comodidad y el ocio. Al vestir un kimono, tenemos que pasear; hemos de asumir la lentitud ante la vida. Y si tenemos que apresurarnos y vestir una ropa específica que nos permita hacerlo, eso significa que no nos relacionamos muy bien con el presente material.

El verdadero materialismo

Esta aceleración –estas ridículas prisas y este agobio– son omnipresentes. En la cultura blanca anglosajona y protestante, por ejemplo, la comida es inconcebiblemente mala y –al igual que nuestra concepción del vestido– la única razón por la que la comemos es porque no nos queda otra opción. El resultado es que pensamos en la alimentación fundamentalmente desde el punto de vista de una dietética abstracta y no a partir del sabor, y cuando los dietistas interfieren en la cocina, la destruyen por completo. Es como si lo único importante en los alimentos fueran las sustancias químicas nutritivas. El problema de centrarse en comer solo lo que es bueno para nosotros es la orientación hacia el futuro implícita en esta actitud: comemos de una forma determinada porque prolonga nuestra vida. Sin embargo, ¿qué sentido tiene seguir proyectándonos hacia el futuro cuando todos los alimentos que nos esperan son poco apetecibles y están pensados para permitirnos llegar a ese futuro?

Esta actitud dietética futurista revela nuestro pensamiento absolutamente cuantitativo y nuestra falta de relación con el mundo material. Nos levantamos deprisa y tomamos un café instantáneo que no sabe a café. Aceleramos el crecimiento de los tomates, que ya no saben a tomates. Hay un tipo de manzana conocida como Deliciosa que no lo es: apenas es una pulpa reblandecida. Por otra parte, esta forma de relacionarnos con nuestros alimentos es muy irrespetuosa con las criaturas que matamos para comer, y si no respetamos a las cebollas, los peces y demás, ciertamente no los cocinaremos de forma correcta, lo que implica que aún disfrutaremos menos de nuestras comidas.

Constantemente corremos en pos de una conclusión, de un resultado, de aquello que creíamos desear. Nos hemos convencido de que nos hará felices. Pero la posesión de todo no conduce a ese fin; se supone que ha de hacerlo, pero no lo consigue. No comemos bien, y a menudo recurrimos a los alimentos para sentirnos felices, pero acabamos obesos y con indigestión.

En nuestra sociedad, la publicidad nos persuade de que lo más importante en la vida es comprar cierto tipo de coche, un yate, una casa, pero aunque podamos hacerlo no seremos más felices. Entonces nos preguntamos por qué y nos sentimos engañados. Todo esto demuestra que no estamos *aquí*. Es lo que solemos decir cuando alguien está loco: decimos que se la ha «ido la cabeza». Buscamos respuestas acudiendo a psicoanalistas, sacerdotes o terapias de grupo, y todos ellos intentan convencernos de algo diferente, pero parece que siempre falta algo.

En realidad, no falta nada. No falta nada en absoluto; a menos que pasemos hambre o frío, y este no es el caso en la mayoría de nosotros. Si estamos alimentados correctamente y tenemos un techo, no nos falta nada. Lo tenemos todo, pero no hay nadie para verlo. Todo el mundo busca otra cosa en la distancia.

Otro importante aspecto de la vida son las relaciones sexuales. De nuevo nos encontramos ante un tema ignorado por la educación occidental en lo que atañe al punto de vista práctico, a diferencia, por ejemplo, del esplendor del *Kama Sutra*. Nosotros también podríamos pensar en el sexo como una realidad disfrutable y divertida, un gran arte que acontece entre los amantes, pero, por el contrario, lo practicamos porque supuestamente nos hace bien: es saludable. Y, evidentemente, necesario para tener hijos; otra proyección hacia el futuro.

Si tenemos hijos, no nos relacionamos bien con ellos, y es habitual que muchos padres y madres se sientan culpables por una u otra razón. Tal vez sus vidas no son maravillosas, pero esperan que a sus hijos les vaya mejor, por lo que trabajan aún más duro para ganarse el sustento en beneficio de sus hijos. Y viven como marido y mujer con el único propósito de criar a los hijos. Una actitud completamente retrógrada. Si los padres tienen una vocación –es decir, si les interesa y apasiona su trabajo–, los hijos también se interesarán, ya sea por cocinar o por practicar la medicina, y querrán ayudar, cosa que no solemos permitirles en esta sociedad, porque no puede haber niños en la fábrica o en la oficina. En otras sociedades, antes de escolarizarse, los niños ayudan en la granja o en la tienda y aprenden las destrezas del oficio junto a sus padres.

Por el contrario, entregamos juguetes a nuestros hijos. A menudo se trata de réplicas de plástico de objetos que los adultos utilizan –pistolas, muñecas, vehículos, etcétera– y rara vez están a la altura de las expectativas. Los niños los rompen y se enfurecen, y todos los hogares americanos que conozco y en los que hay niños están inundados de plástico roto. En consecuencia, se suceden las discusiones a gritos, los tira y afloja de padres que intentan que sus hijos limpien y arreglen el desorden que sus padres les han permitido.

La familia y el entorno laboral en nuestra cultura es una institución derivada de la civilización agraria que no funciona en nuestra civilización industrial urbana. La mantenemos porque creemos que así es como debe ser, y nunca hemos repensado las relaciones humanas vinculadas a la nueva situación en la que estamos inmersos. En la mayoría de casos, volvemos a casa desde trabajos que no nos interesan, y pasamos la mayor parte del tiempo con personas con las que no establecemos una verdadera relación. Hay, por supuesto, familias que prosperan y cuyos miembros se llevan razonablemente bien entre sí, pero son solo unos pocos afortunados.

Y en cuanto a las pobres mujeres, siempre tienen que estar a la altura de alguna estrella de cine o del ideal del momento. Nuestras nociones de la belleza femenina están por completo fabricadas por los canallas que editan *Vogue* o *Harper's Bazaar*. Creamos estas superficies externas ideales de seres sin sensibilidad a la sustancia, peso, volumen, temperatura u olor.

Entre los diversos aspectos del presente material, el más reprimido en esta cultura es el sentido del olfato. Curiosamente, el olfato es uno de los principales canales de comunicación inconsciente, y buena parte de la percepción extrasensorial, la comunicación telepática y la atracción y el rechazo instintivo que experimentamos en relación con otras personas es resultado del olfato, al que no prestamos la suficiente atención. Con la palabra olor solemos aludir a algo negativo –«Eso huele»–, y en nuestra lengua solo pensamos en tres cualidades del olor: fragancia, acritud e intensidad. El resto de palabras que utilizamos para describir el olor son préstamos del sentido del gusto o de otros sentidos, porque el olfato está reprimido y, por lo tanto, apenas somos conscientes de él. Queremos que el cuerpo humano huela a desinfectante, en lugar de a su propio olor, natural e interesante. De modo que todo el mundo se frota y se limpia obsesivamente hasta oler a producto de laboratorio.

Una de las razones por las que nos resulta tan difícil asumir la materialidad es que nos aflige la extraña idea de que el presente material es un engaño. Entre otras cosas, se nos ha dicho que no acumulemos tesoros en la tierra, donde serán corrompidos por el óxido y las polillas, sino que los conservemos en el cielo. En realidad, el tesoro del cielo es el ahora. Pensamos que el mundo real se está desintegrando y derrumbando y que, por lo tanto, es malo, pero la verdadera razón por la que denigramos el mundo real es porque es inaprehensible. Está sometido a un cambio constante, no podemos aferrarlo, no hay nada a lo que asirse. Pero eso lo hace espiritual.

Si nos apoyamos en el mundo, este se derrumba. Por lo tanto, no nos apoyemos: vivamos en él. No intentemos aferrarlo. Al abrazar a alguien, no apretamos hasta dejarlo sin aliento. Podemos percibir el mundo –sentir el mundo– si lo abrazamos. Cultivemos un toque liviano. Dejémoslo fluir entre los dedos. Siempre se nos escapa; dejémoslo escapar. Cuanto más se aleja, más permanece, y cuanto más permanece, más se aleja: tal es su naturaleza. Si no te aferras a él, está presente; si lo abrazas, huye de ti. Pero si usas un toque liviano, descubrirás algo asombroso: el mundo físico aquí y ahora, este momento absolutamente concreto, es el paraíso. Es todo lo que podrías esperar de una visión beatífica.

En el *Paraíso* de Dante hay una fantástica descripción de hileras de arcoíris cuyo centro es una vívida luz blanca tan deslumbrante que apenas podemos mirarla. Desde ese centro y emanando hacia el exterior descubrimos todos los colores del espectro, desde el violeta al negro transparente y luminoso, como la obsidiana. Pero más allá regresa el blanco, y encontramos un arco de luz, y los rayos ondulan y tiemblan como olas y danzan en arabescos y asumen toda forma de complejidad concebible. Los mandalas budistas también son así, con resplandores llenos de miríadas de budas bailando, campanas vibrantes, sosteniendo rayos y espadas, adquiriendo cada vez más dimensiones: color, olor y sonido. Y el sonido se hace tan profundo y bajo y vibrante que se torna sólido y se diría que podemos tocarlo.

Este esplendor y complejidad están aquí: no se han ido a ninguna parte. No los encontramos en ningún lugar, salvo aquí. Pero si intentamos encontrarlos y les prestamos atención y los situamos en el centro, los estamos alejando. Tienen que venir a nosotros. No podemos perseguir el presente, porque al hacerlo no atendemos al verdadero presente, sino a un presente futuro.

*{ Vivimos en una sociedad en la que estamos
más interesados en acumular señales de riqueza
que la verdadera riqueza. }*

Lo que llamamos codicia es, en esencia, descontento con el presente. Sin duda hay demasiada gente en el mundo sumida en la pobreza o al filo de la pobreza y con un presente material paupérrimo, pero es la codicia de quienes tienen suficiente la que resulta tan aterradora. La gente que tiene lo suficiente como para comer y vestir sigue siendo codiciosa, y son ellos los que esquilman la tierra, quienes le arrebatan cada átomo de riqueza, quienes producen una enorme cantidad de basura y aire envenenado, y todo porque son incapaces de estar aquí, vivos en el momento presente.

La búsqueda del placer material es un arte muy descuidado en esta época, un arte que requiere disciplina, devoción y habilidad. Este arte se incluye en un amplio conjunto de actividades y aspectos que ya he mencionado –cocina, vestido, muebles, relaciones sexuales, crianza de los hijos–, así como ingeniería, arquitectura, música, literatura, pintura, escultura, etcétera. Por desgracia, vivimos en una cultura en la que la búsqueda de placer material queda eclipsada por la búsqueda de placer simbólico.

Una unidad monetaria es útil en el mismo nivel que los centímetros, horas, días, meses, kilos, gramos y otras unidades de medida. Nadie pretende acumular gramos o pulgadas, porque no hay un acuerdo social según el cual la posesión de gramos y centímetros represente riqueza. La única razón por la que el dinero tiene valor estriba en que todo el mundo está de acuerdo en que esta denominación particular lo tenga, porque los dólares son exactamente como fichas de póquer, con la salvedad de que todos estamos de acuerdo en que aceptaremos dólares en lugar de bienes y servicios. Pero estos bienes y servicios constituyen la verdadera riqueza. Vivimos en una sociedad en la que estamos más interesados en acumular señales de riqueza que la verdadera riqueza; como si nos comiéramos el menú impreso, en lugar de la cena. Esto ocurre así en todas las dimensiones de la vida, porque en líneas generales tendemos a confundir los símbolos con la realidad.

La idea de que el mundo que percibimos con nuestros cinco sentidos es un mundo material es simplemente una idea.

El materialismo es una filosofía de la naturaleza; materialismo dialéctico o materialismo naturalista, es cuestión de punto de vista. Una noción muy abstracta. También es puramente conceptual decir que el mundo que percibimos con nuestros cinco sentidos es mental o espiritual, porque el mundo real no es ni material ni espiritual. No hay forma de decir qué es exactamente. Es inefable.

Por lo tanto, el mundo que no es espiritual ni material es el mundo ignorado. La mayoría de la gente lo considera material, pero en gran medida ha pasado desapercibido. Y, de todas formas, hemos sustituido la realidad por símbolos. Tenemos bienes simbólicos, vivimos en hogares simbólicos, conducimos coches simbólicos y vestimos ropa simbólica: todo se valora por lo que cuesta en contraposición a su calidad. Como ya he dicho, esto es en especial evidente en los alimentos que consumimos, representados sobre todo por nuestro pan. Se supone que el pan es la base de nuestra alimentación, pero en lugar de ello consumimos una especie de poliestireno enriquecido con vitaminas, con una lista de ingredientes químicos que lo asemejan a un medicamento.

Tampoco disfrutamos realmente de la búsqueda del placer en las bellas artes. Una enorme cantidad de gente acude a conciertos y exposiciones de pintura porque creen que así mejoran su mente, que hacen algo bueno para sí mismos, tal como otros muchos que van a la iglesia. Es un interés completamente malsano. Nos distrae de lo que en realidad está sucediendo. Si escuchamos a Bach porque creemos que nos hace bien, no estamos prestando atención. Para escuchar a Bach tenemos que vibrar con él, y entonces olvidamos si es bueno o no para nosotros.

No me gusta la distinción entre placeres superiores e inferiores, pero sí quiero decir que, a menos que comprendamos que la búsqueda del placer material requiere de cierto grado de ascetismo, no seremos capaces de alcanzar ningún tipo de placer. El ascetismo no es desagradable; es como la aceituna que tomamos entre las copas de vino para depurar el paladar. Por supuesto, no hay nada malo en las aceitunas.

En la actualidad a la gente le gusta practicar el terrible ejercicio conocido como *footing*. No es en absoluto recomendable. Cuando veo a la gente corriendo, enseguida descubro que no saben correr: se apoyan en los talones de una forma que sacude todo su cuerpo, incidiendo en la columna vertebral. Además, avanzan con funesta determinación en línea recta, porque esa es, supuestamente, la distancia más corta entre dos puntos, una idea incorrecta, porque la Tierra no es una superficie plana, sino ondulada.

El mundo es, fundamentalmente, un fenómeno ondulado, pero allí donde vamos los seres humanos ejercemos nuestra pasión por la geometría euclidiana. Lo dividimos todo en cuadrículas y separamos los territorios con líneas rectas semejantes a los patrones en red de nuestras calles, que imponemos a la superficie de la Tierra. Dondequiera que veamos esas líneas rectas, tenemos constancia del paso de los seres humanos. Sin embargo, ¿por qué esta pasión por el pensamiento euclidiano? El señor Euclides poseía una mente extremadamente simple que tendía a pensar de una forma carente de interés, en lugar de en las ondulaciones curvilíneas. La ondulación escandaliza a ciertos individuos. Los intranquiliza, no la entienden, no saben bien qué va pasar a continuación. Por eso las serpientes despiertan recelo. Las serpientes constituyen un símbolo admirable de vitalidad ondulante, de fluctuación y sinuosidad. En esencia, todo el mundo es un sistema de ondas vibratorias.

Si no podemos amoldarnos a ello –si somos rígidos–, nos resistiremos a la vida. Asumir la ondulación y vibrar con ella es fundamental para los placeres de la vida, razón por la que llamamos a quienes no pueden hacerlo «inflexibles» y «cuadriculados». No fluctúan. Por el contrario, siempre intentan enderezarlo y cuadrarlo todo. En consecuencia, no están en armonía con el universo ondulante.

La mayor parte de las religiones también son cuadriculadas. Se resisten a la fluidez de la vida. Prefieren canales en lugar de ríos y conciben el cielo como una ciudad y no como un jardín. Después de todo, el paraíso era un jardín, y ahí es donde empezó todo el problema. La gente sustituyó el jardín paradisíaco por la ciudad celestial, y los papas empezaron a llamarse a sí mismos «Urbano». A los incrédulos se los llamó «paganos», porque un pagano era un individuo rústico que vivía en el campo, y los campesinos comprenden las ondulaciones. Son diferentes a los urbanitas que recorren calles. Viven bajo el cielo y no dentro de una caja.

Ondulaciones, seriedad y el temor al placer

La caja es nuestro mayor símbolo de clasificación. ¿Dentro de qué caja estás tú? Todas las palabras son cajas: animal, vegetal, mineral, sólido, gas, líquido, republicano, demócrata, capitalista, comunista, cristiano, pagano, masculino, femenino, etcétera. Todas son cajas. Y como pensamos en cajas, vivimos en cajas: cajas de construcción deficiente, idénticas entre sí. Consideremos, para variar, a los peces que construyen su hogar en hermosas conchas con maravillosas espirales y colores encantadores. Nosotros queremos que todo se defina en línea recta, y esa rigidez contrasta siempre con la fluidez que nos rodea. Somos marineros de agua dulce, opuestos a los pueblos del mar, aunque los británicos siempre hemos asociado la libertad con el océano.

{ El arte de la fe no consiste en mantener
una postura, sino en aprender a nadar. }

Pensamos que el mar es líquido y la tierra sólida, y no hay nada más lejos de la realidad. Donde vivo, en Sausalito, se recuperó mucha tierra a lo largo de la costa y se extrajo barro del subsuelo para construir el puerto deportivo, sin advertir que la tierra también es líquida. Por lo tanto, la tierra colindante con el agua se hunde porque llena el hueco producido por la excavación. La gente no lo entiende porque concibe que la tierra es una realidad puramente sólida.

Incluso en la religión buscamos, aparentemente, solidez, algo que sostenga nuestra posición: unos cimientos firmes, la roca milenaria o incluso el «fundamento del ser» de Paul Tillich. Pero no vivimos en un universo así. Nuestro universo es fluido, y por lo tanto el arte de la fe no consiste en mantener una postura, sino en aprender a nadar. No nos aferramos al agua; no intentamos apoyarnos en ella. Respiramos, nos relajamos y aprendemos a confiar en que el agua nos sostendrá. Esto también se aplica al vuelo, el planeo y la navegación; todas estas artes se han adaptado a lo fluido. Y eso es lo que debemos aprender si queremos sobrevivir como especie y hacerlo felizmente. Por el contrario, nos aferramos a lo que consideramos sólido. Más aún, reclamamos más solidez. Nada arruina tanto el placer como la ansiedad de poseerlo: más y más, cada vez más. Eso solo demuestra que ahora no lo disfrutamos; siempre pensamos que es algo por venir. Preferimos un placer futuro a un placer presente. Cuando pensamos que algo es inútil, decimos que no tiene *futuro*, que es lo más terrible que podemos decir de algo. Sería mejor afirmar que carece de *presente*. Un futuro no es más que una promesa, como cuando firmamos cheques como promesa de pago. Promesas, promesas...

Aprender a ser flexibles es fundamental para el placer. Debemos liberarnos y relajarnos. Eso no significa que nos mostremos decaídos: la relajación se transforma en flexibilidad. Significa aprender a controlar nuestro peso, cómo usarlo y cómo fluir con la gravedad. El agua siempre sigue el curso de menor resistencia –fluye y ondula con la gravedad– y, sin embargo, posee una fuerza extraordinaria. Para la mayoría de nosotros, especialmente para los anglosajones protestantes y los católicos irlandeses, seguir el camino de la menor resistencia se considera cobarde y despreciable. Hemos de llegar a la meta lo antes posible, y esto significa seguir la línea recta, la distancia supuestamente más corta entre dos puntos.

Por eso hacer *footing* no es la forma adecuada de correr. La forma adecuada de correr es bailar. Habría que bailar por el campo, y cualquiera que lo haga superará y adelantará a los corredores. Vi al equipo de Brasil ganar la Copa del Mundo de fútbol y nunca había asistido a un espectáculo semejante; ciertamente, en la escuela no nos enseñaron a jugar al fútbol así. Como dijo uno de los corresponsales deportivos del *Times*, los brasileños se abrieron camino hacia la victoria bailando. Era como contemplar la forma más hermosa de baloncesto [*sic*]: en lugar del control rudo y enérgico de la pelota, practicaron el más increíble juego de equipo, con pases sutiles y utilizando todo el cuerpo para hacer rebotar el balón: espalda, hombros, caderas, cabeza, etcétera. Fue un espectáculo hermoso y magnífico.

A nosotros no nos enseñan a actuar así. Nos enseñan que la vida es seria y que hay que vivirla con eficiencia. En otros tiempos, la gente cantaba durante el trabajo, pero en la actualidad nadie canta, a menos que forme parte de una ceremonia oficial. Imaginemos a un empleado de banco cantando mientras cuenta nuestro dinero. Si eso sucediera, probablemente nos quejaríamos a la dirección. «¡El dinero es un asunto serio, nadie debería cantar mientras se relaciona con él!». ¿Podemos imaginar la canción de un corredor de bolsa? Una vez me abrillantaron los zapatos en el metro de Nueva York y el hombre que lo hizo cantó mientras realizaba un trabajo impecable. Y se balanceaba.

A la mayoría de conductores de autobús se les ve, en medio del tráfico urbano, luchando contra el reloj, sudando y maldiciendo, y a menudo exhibiendo una gran irritación. Imaginemos, por el contrario, que conducir un autobús no se tratara de ir de un lado a otro, sino simplemente de ir. El autobús podría avanzar bailando entre las calles, esquivar el tráfico de forma grácil y habilidosa, y al parar en un semáforo o encontrar un atasco, el conductor podría tocar una melodía con el claxon, bromear con otros conductores de autobús, jugar con los pasajeros, etcétera.

La gente no suele trabajar así porque el trabajo, supuestamente, es un asunto serio; en absoluto agradable. Después de todo, es una actividad remunerada, y no nos pagan por disfrutar. Para Occidente, la maldición del trabajo surgió en el relato del Génesis. El árbol del conocimiento no tuvo que ver con el conocimiento del bien y del mal en un sentido convencional, sino con el conocimiento sobre lo conveniente y lo inconveniente. Y, en la vida, lo conveniente en relación con el trabajo es sumergirse en él.

Es lo que yo intento hacer. Creo que soy inteligente, hablo y escribo de todas estas cuestiones, pero no lo hago porque crea estar haciendo un bien al lector; lo hago porque me gusta.

Y si me pagan por ello, entonces me gano la vida. Así de sencillo. Soy un animador filosófico.

De hecho, llevo un tiempo intentando vender la idea de un programa de televisión llamado *Delicias de Asia*, pero hasta ahora nadie ha querido comprarlo. Se trata de mostrar a los occidentales algunos de los agradables refinamientos de las diversas culturas asiáticas y al mismo tiempo sugerir sutilmente que el público estadounidense es un tanto lerdo por no saber cómo gastar su dinero.

Una de las cosas más curiosas de los occidentales es nuestro temor al placer y nuestra incapacidad para satisfacerlo como consecuencia de ese miedo. Me admira infinitamente que la nación más rica del planeta –es decir, en cuanto al dinero– asuma placeres tan sombríos cuando podría permitirse otros más elaborados. Se dice que los franceses comen con placer y los británicos pidiendo disculpas. Creo que se debe a que creemos que no debemos disfrutar o pensar mucho en lo que comemos, mientras que a los franceses les encanta celebrar la comida y hablar de ella. Nosotros consideramos que el hecho de comer encierra cierta vulgaridad; después de todo, es una actividad un tanto animal. Consideramos como extremadamente descortés hacer ruido al comer o eructar, mientras que en otras culturas son gestos naturales de aprecio.

La mayoría de los occidentales come por deber. Comemos porque es nutritivo y es bueno para nosotros. Como señala Henry Miller, «nos metemos algo en el buche» y tragamos una docena de vitaminas.[7] Probablemente existen complejas razones que explican nuestra extraña aversión a disfrutar de la vida, pero una de ellas es el hecho de que, según creemos, Dios puede estar observando. La sensación de que no hemos de implicarnos a fondo con los placeres está muy extendida, y si disfrutamos plenamente y lo demostramos, seremos castigados. O tal vez se deba a que nos asusta que de algún modo el placer nos seduzca y someta, convirtiéndonos en adictos impotentes a una determinada realidad. Esto explica por qué somos tan huraños en relación con este asunto. Evidentemente, hay una explicación a esta actitud. Hubo un tiempo en que era muy difícil alimentar y vestir a la gran mayoría de seres humanos. Hemos vivido una era de carestía, en la que era censurable malgastar los alimentos o cualquier tipo de material. Cuando me mudé a Estados Unidos, mi madre vino a visitarnos y le sorprendió que mi mujer tirara una pequeña cantidad de leche por el desagüe; sugirió que la usáramos de algún modo, para hacer natillas o alguna otra cosa. El mundo era así, pero en la actualidad –al menos para los que vivimos en Estados Unidos– vivimos en una economía del desperdicio.

El caso es que estamos entrando en un periodo de desarrollo económico en el que es verdaderamente posible alimentar y vestir adecuadamente a todos los seres humanos del planeta. Todo lo que las naciones soberanas han invertido en la guerra en el último siglo podría haberse destinado a proporcionar un salario digno y suficiente a todas las personas. Sin embargo, como sabemos, los políticos y empresarios no son gente práctica. Nos dirán que son testarudos y realistas, pero son miopes y solo pretenden alcanzar objetivos inmediatos. Son incapaces de comparar los costes.

El fracaso del dinero y la tecnología

Si no fuera por el fracaso de una de nuestras redes –la red de información del dinero–, podríamos aplicar nuestra tecnología a alimentar como es debido al mundo. El dinero nos ha provocado los mayores bloqueos psicológicos y las más increíbles supersticiones, que Freud equipara con nuestra actitud hacia los excrementos. Independientemente de la causa, es un gran obstáculo para desarrollar de la forma correcta nuestra tecnología y permitir que cumpla con su presunta función, es decir, ahorrar trabajo y producir bienes y servicios, entre otras cosas.

{ Al final, el dinero no es más que contabilidad. }

En este punto, me gustaría introducir una historia, completamente legendaria y apócrifa. En cierto momento, los grandes bancos del mundo se cansaron de los gastos y las medidas de seguridad inherentes al envío de remesas de oro de un banco a otro. Así que decidieron que todos ellos abrirían oficinas en cierta isla del Pacífico Sur –una isla amable y acogedora–, en la que acumularían el oro del mundo entero. Colocaron el oro en enormes criptas subterráneas a las que solo podía accederse mediante profundos pasadizos. Todo el oro estaba en un único lugar, y los principales bancos lo tenían controlado y podían efectuar transacciones entre ellos.

Todo esto resultó muy eficiente. Las cosas funcionaron bien durante muchos años. Por último, los presidentes de estos bancos decidieron celebrar una convención en la isla y llevar a sus mujeres y familias. Así lo hicieron, inspeccionaron los libros –todo estaba perfectamente en orden– y algunos de sus hijos quisieron ver el oro. Por lo tanto, los presidentes pidieron a los gestores que los llevaran a las criptas para que los niños pudieran disfrutar de esa visión.

«Bueno», dijeron los gestores, «eso no es muy conveniente en este momento, y no creemos que a los niños les interese tanto. De todos modos, no es más que oro.»

Pero los presidentes insistieron. «No, no. Vamos ahora. A los niños les encantará. Bajemos a ver el oro.» Hubo muchos titubeos y retrasos, pero al final los presidentes se impusieron.

Sin embargo, no vieron el oro, porque los gestores acabaron confesando que unos años antes hubo un catastrófico terremoto y las criptas se desmoronaron y el oro se perdió en las entrañas de la tierra. Por lo demás, todo había ido bien. La contabilidad se había mantenido en perfecto orden.

A fin de cuentas, el dinero no es más que contabilidad. Solo son números. El dinero es una forma de medir lo que debemos a la comunidad o lo que la comunidad nos debe. Se creó como una mejora del trueque. En el pasado, si trabajabas en una granja, el granjero te pagaba en mazorcas de maíz, repollos, cebollas y otras verduras. Si necesitabas una olla o una sartén, llevabas las verduras a quien las fabricaba y establecías un intercambio. Pero alguien decidió que era un fastidio ir cargado con todos estos bienes, por lo que empezó a utilizar conchas de cauri, que al final fueron sustituidas por oro, un mineral utilizado por su escasez y porque, en virtud de esa escasez, mantenía su valor constante. A medida que se desarrolló la economía en Occidente, no hubo oro suficiente, y en lugar de bajar el precio de los bienes y servicios para mantener el ritmo de la cantidad de oro en circulación, inventamos un sistema de crédito, que no es otra cosa que una forma de contabilidad.

Por último, esta situación propició el fuerte endeudamiento de todas las grandes naciones industriales. Nuestra deuda nacional –para horror y consternación de los anticuados republicanos– se incrementa cada año porque, con un producto interior bruto en expansión, hace falta cada vez más dinero para poner en circulación los bienes producidos, que no paran de crecer.

Yo no soy economista, pero cualquiera vería que hay algo erróneo en todo esto. He estudiado el trabajo de Robert Theobald, economista y autor futurista que asegura que el dinero, por sí mismo, carece de valor: no es más que circulación de información.[8] Se puede argumentar que el oro tiene valor porque se puede usar en joyería y odontología, pero como medio para el intercambio de bienes y servicios es tan primitivo como utilizar caballos para transportar el correo. El dinero es una abstracción pura. El problema del que adolece la mayor parte de la población es su creencia en que el dinero es real cuando no lo es. El dinero tiene la misma relación con la riqueza como las palabras con el mundo físico. Las palabras no son el mundo físico, y el dinero, sencillamente, es una contabilidad de la energía disponible, la energía económica.

La introducción de la tecnología en la producción genera una enorme cantidad de bienes. Al mismo tiempo, se pierden empleos. Sin embargo, también se aduce que la tecnología crea puestos de trabajo; en su mayor parte, iniciativas inútiles que tienen que ver con todo tipo de cursilerías y artilugios innecesarios. Para que todo esto funcione, alguien debe embaucar al público para que este crea que desea y necesita estos objetos absolutamente inútiles y que, para empezar, ni siquiera son atractivos. Y para que todo el mundo trabaje, es necesario crear una cantidad desmesurada de empleo absurdo y trabajo improductivo –burocrático y de otro tipo–, porque creemos que así es como debe ser. En concreto, como buenos protestantes creemos que el trabajo impide que los seres humanos se entreguen a todo tipo de maldades.

Hemos ignorado algunos principios básicos. Supuestamente, las máquinas iban a hacer innecesario el trabajo pesado. Por desgracia, no hemos permitido que la tecnología cumpla este propósito, por lo que vivimos en un constante estado de frustración. Si un fabricante automatiza una fábrica y despide a la mano de obra, los trabajadores no tendrán ingresos para adquirir esos productos, lo que significa que la inversión en una costosa maquinaria automática no ha tenido ningún sentido. Obviamente, al público se le han de ofrecer los medios para comprar lo que las máquinas producen, y la repuesta a este problema remite a las máquinas. La máquina trabaja para el fabricante y para la comunidad, lo que no equivale a proponer una idea estatalista o comunista de expropiación, sino tan solo a decir que el gobierno y su pueblo tienen que ser responsables y garantizarse el crédito suficiente como para mantener en circulación los bienes producidos y que ellos mismos tienen que equilibrar el estándar de medición del dinero con el producto interior bruto.

Theobald afirma que todo el mundo debería disponer de una renta básica. Esta idea horroriza a mucha gente, que no se cansará de despotricar contra los individuos perezosos y derrochadores. Sin embargo, observemos lo que pasó durante la Gran Depresión, cuando en plena abundancia y prosperidad, un país muy rico entró en quiebra y la gente se empobreció y pasó hambre debido a este complejo psicológico, según el cual el dinero es real y la gente ha de sufrir para conseguirlo.

Con todo, la razón de ser de las máquinas era aliviarnos este sufrimiento. En lo que respecta a la tecnología, vivimos en el presente, pero psicológicamente aún estamos en el siglo XVII. Y nuestros complejos en relación con el dinero, la riqueza, el placer y la naturaleza del trabajo siguen siendo problemas formidables.

El problema de la culpa

Harán falta los mejores cerebros de las relaciones públicas y la propaganda en todo tipo de medios para transmitir al público qué es realmente el dinero. De no ser así, seguiremos atrapados en este ciclo inflacionario en el que se produce más papel moneda y los precios siguen subiendo, una situación estúpida. Por desgracia, la forma más eficaz de convencer a la gente es aprobar leyes, pero hemos de encontrar la manera de persuadir a los individuos de no incrementar los precios, de ser equitativos, y mantener cierto tipo de correspondencia estándar entre cuánto se produce y el crédito emitido. Se trata de un asunto muy serio porque se reduce al problema que tenemos con la culpa.

La diferencia entre tener trabajo y tener una vocación es que un trabajo es algo desagradable que estamos obligados a hacer para conseguir dinero. Hay muchos empleos ahí fuera porque siempre habrá cierto número de trabajos degradantes que nadie quiere hacer, y por lo tanto siempre se querrá pagar para que se encarguen otros. Sin embargo, este tipo de trabajo también se reduce debido a la tecnología y la mecanización. Si aceptas un trabajo con el único propósito de ganar dinero, tu actitud es absurda. Cuando el dinero es el objetivo, inevitablemente lo confundirás con la felicidad y el placer.

Hemos heredado una antigua culpa según la cual, si no trabajamos, no tenemos derecho a comer. En el mundo hay gente que pasa hambre, razón por la que no deberíamos disfrutar de nuestra cena, aun cuando no tengamos los medios necesarios para enviarles alimentos. Y la culpa es una forma infalible de no hacer nada ante una situación determinada. Cuando un individuo se siente culpable, no busca soluciones prácticas, sino que recurre a todo tipo de métodos simbólicos de expiación: se confiesa o visita al psicoterapeuta, entre otras cosas. Hará todo tipo de cosas que no tienen que ver con el problema en sí mismo y sí con sentirse bien al respecto. La culpa es una emoción destructiva. Hemos de adoptar una actitud distinta hacia nuestros errores y maldades.

En *Hojas de hierba*, Walt Whitman escribe que admira a los animales porque «no permanecen despiertos en la oscuridad ni lloran por sus pecados». Los animales son prácticos, como los niños a los que aún no se les ha enseñado el extraordinario complejo de la culpa. Cuando la mayor parte de los adultos se equivoca o hace algo mal, alguien les hace sentir culpables o avergonzados, y en consecuencia nos lamemos las heridas de nuestro ego herido. ¿Qué sentido tiene esta actitud? Lo primero que hemos de comprender es que cometer errores es natural. No es grave que un ser humano se equivoque. Todo el mundo comete errores y no hay forma de evitarlo. De hecho, no aprenderemos si no es equivocándonos.

{ La libertad consiste en poder cometer errores;
implica la libertad de ser un completo idiota. }

Cuando empecé a aprender a tocar el piano, recibí lecciones de una institutriz que colocaba una goma de borrar en cada mano para mantener la postura correcta. Cada vez que tocaba una nota errónea, me golpeaba los dedos con un lápiz. Conozco a un antropólogo que aprendió a tocar con el mismo método y, como resultado, como adulto es incapaz de leer las notas. Sin embargo, tuve otra profesora de piano que me enseñó de forma completamente diferente. Decía: «No debes temer equivocarte de notas. Olvídalo. Tócalas una y otra vez, y al final acertarás con las correctas. Limítate a mantener el ritmo, aunque aprendas más despacio. Así, aunque no sea la nota correcta, sí seguirás el ritmo adecuado».

Así es como hay que trabajar con los bloqueos, la culpa y la vergüenza ante los errores cometidos. La libertad consiste en poder cometer errores; implica la libertad de ser un completo idiota. Además, significa no recriminarnos por los errores cometidos, sino probar algo distinto en el futuro.

Los católicos son célebres por su sentimiento de culpa, pero en general se sienten menos culpables que los protestantes. Cuando los protestantes de Inglaterra abandonaron la confesión auricular ante un sacerdote, introdujeron una confesión general en el libro de oraciones que la congregación leía al unísono. Cuando los católicos se confiesan, reconocen el pecado e invocan a Juan Bautista, los santos apóstoles y a la Virgen María, y el sacerdote les responde: «Que Dios Todopoderoso tenga compasión de ti, perdone tus pecados y te lleve a la vida eterna. Por la autoridad de nuestro Señor Jesucristo que me ha sido concedida, te absuelvo de todos los pecados en el nombre del Padre, del Hijo y del Espíritu Santo».

La fórmula anglicana, sin embargo, elimina esta sencilla confesión ante todo el séquito celestial y la transforma en una absoluta humillación. Se supone que has de decir que tu pecado es tan horrible que el mero recuerdo es atroz y constituye un peso intolerable. A continuación, se suceden el temblor, el llanto, los golpes de pecho y el revolcarse en la culpa. A su vez, el sacerdote cita todo tipo de textos sagrados pertenecientes a la Biblia, para demostrar que quienes se arrepienten sinceramente serán perdonados por Dios, pero en este caso la apelación a la autoridad revela una incertidumbre fundamental.

Cuando los católicos confiesan sus pecados específicos, dicen algo así como: «Por estos y todos mis pecados, me propongo enmendarme y humildemente pedir perdón a Dios». Ahí es donde encontramos una sombra, porque ningún católico sensible puede decir –sin abrigar grandes dudas al respecto– que no volverá a incurrir en estas infracciones. Si somos católicos practicantes, la confesión es una válvula de seguridad. Seguiremos viviendo tan descuidadamente como siempre, y nos limitaremos a ir a la iglesia y a confesarnos a menudo para liberarnos de la culpa y del mal, como si fuéramos al baño. Esta actitud funcionará siempre y cuando no pensemos muy a fondo en si creemos o no nuestras palabras durante la confesión.

Al margen de la Iglesia a la que se adhieran, la mayoría de los cristianos cree que Dios conserva un libro negro en el que apunta cada uno de nuestros errores. En el día del juicio final, tendrá lugar un gran ejercicio de contabilidad: los guardianes contarán los actos buenos y malos y los pesarán en la balanza de san Miguel, como en el *Libro egipcio de los muertos*. Como resultado de esta creencia, a finales de la Edad Media surgió un complejo sistema de contabilidad celestial para la dispensa de méritos e indulgencias adicionales. Al pronunciar ciertas oraciones, comprometerse a una determinada peregrinación o –más importante aún– por medio de contribuciones económicas, el creyente recibía una indulgencia plena o parcial en relación con el tiempo que debería pasar en el purgatorio. Así, la gente utilizó un sistema bancario de gran complejidad para saldar su cuenta celestial por medio del crédito emitido por santos que producían un excedente de bienes y servicios, tal como lo haría una máquina.

4. Elogio del vaivén

El primer principio en el arte del placer es el vaivén, lo que simplemente significa que no hemos de tomarnos nada seriamente. La vida es una forma de danza, y la danza no es seria; por eso la prohíben los fundamentalistas de todo tipo y otros personajes sombríos. No aprueban la danza. Y no es porque sea sexy –podemos danzar solos o con otra persona–, sino porque la consideran frívola e indigna. Pero ¿cuál es la virtud de la rigidez y la seriedad? Como dijo Lao Tsé, cuando las personas nacen son flexibles y suaves; al morir son rígidas y duras. Las plantas también son así: las jóvenes son jugosas y tiernas; y las viejas, frágiles y secas. La flexibilidad y la suavidad son señales inequívocas de vida.

Rigidez e identidad

Supongo que algunos hombres confunden la rigidez psíquica con una erección. Recurren a armas, cohetes y vehículos para manifestar una masculinidad que no está presente. El verdadero secreto de la liberación de la mujer reside en su flexibilidad; son suaves y están dotadas del poder propio del agua. Citando, una vez más, el *Tao Te Ching*: «El espíritu del valle no muere». El espíritu del valle era, supuestamente, femenino, mientras las montañas se consideraban masculinas. Si un hombre pretende ser un cauce universal, debería contener cierto elemento femenino, algo lúdico, rítmico, curvilíneo, suave; todo lo que los euclidianos rechazan. Es el principio de la naturaleza y de la vida. La rigidez y la resistencia al cambio –la resistencia a la vida– son prácticamente inútiles.

Sin embargo, no es solo la sensación de rigidez –de tensión muscular– la que sostiene la base física de nuestra identidad. Podemos ilustrarlo al comparar los procesos de ver y observar. Cuando recibimos *input* visual del mundo fenoménico, nuestros ojos permanecen inactivos mientras les llega la luz y el color, pero al observar algo –es decir, cuando nos esforzamos y prestamos atención–, los músculos que rodean los ojos se tensan, la cara se torna rígida y gastamos más energía de la necesaria. Para ajustar nuestra visión, los músculos focales de nuestros ojos solo necesitan abrir o cerrar una pequeña abertura. Nada más. No se requiere mucho esfuerzo.

En efecto, el esfuerzo que realizamos al mirar fijamente algo distrae a nuestros ojos de una visión precisa, pero sentimos que hemos de hacer un esfuerzo constante en todo cuanto emprendemos. Toda esta absurda tensión muscular y este apretar los dientes no sirve más que para fomentar la ilusión de una entidad separada que llamamos *yo*. La sensación de una tensión por completo innecesaria que existe constantemente es el ego, un referente físico de la idea de ego. Esa tensión gratuita confirma nuestra existencia. Nuestra mirada psíquica es el ego que percibimos en el centro de nosotros mismos y que se yergue en oposición y resistencia a todo lo que defino como ajeno a mí mismo. Esa rigidez a la hora de mantener la vida a fin de conservar mi figura, forma y lugar específicos nos vuelve tensos e incapaces de sortear el temor a lo que podría suceder si dejamos que las cosas sean flexibles.

{ Si no deliras a intervalos regulares,
acabarás por volverte loco. }

Una persona rígida se encuentra inadaptada en un mundo ondulante, y así es como desarrollamos estos patrones de conducta mecánicos, propios de insectos, que han de manifestarse con regularidad, siempre idénticos a sí mismos –piii, piii, piii–, pero que no son adaptables. No se sostienen, como vemos que sucede a nuestro alrededor; el pavimento se agrieta y la hierba crece en las fisuras. Recientemente he escuchado a alguien decir que al final solo nos quedarán cuervos, hierbas silvestres y pescado no comestible. Por lo tanto, hemos de hacer algo. No predicando a los demás y condenándolos –una actitud que, una vez más, no funciona–, sino seduciéndolos. De esta forma, quizá podremos salir de esta situación.

El domingo es el día en el que hemos de entregarnos al vaivén. La Biblia dice que Dios trabajó seis días y al séptimo descansó. Fue una pausa, un tiempo muerto en el que no ser racional, metódico y eficiente. Sin embargo, el domingo vamos a la iglesia, y el sacerdote dice blablablá, y se atiene a la ley y nada más que a la ley. En otras palabras, nos tira el libro a la cabeza. Viste el mismo hábito que un juez, y no solo nos dice qué tenemos que hacer, sino que también le dice a Dios lo que tiene que hacer. Es una charla interminable. En ocasiones hay cánticos, pero los himnos solo son canciones religiosas infantiles con melodías atroces y palabras ridículas, y nadie baila, y no hay nada misterioso o mágico en lo que acontece, salvo tal vez en la Iglesia católica, pero incluso ellos están tratando de liberarse de todo eso.

Si no nos tomamos un descanso de vez en cuando, colapsaremos. Para eso están los domingos, el Mardi Gras, los carnavales y las orgías originales (que eran ritos secretos en adoración de Dioniso o Baco). Nos liberamos, bailamos y enloquecemos en estas celebraciones, porque si no deliras de vez en cuando, acabarás por volverte loco.

Debo añadir que no podremos convertir esto en otro proyecto. Nos resultaría muy fácil ser rígidos respecto a la flexibilización de nosotros mismos. La gente busca todo tipo de psicoterapia, ejercicio, formación en sensibilización sensorial, grupos de encuentro, yoga y otros recursos para relajarse, pero lo hacen con un ánimo nefasto. Hay incluso un libro titulado *You Must Relax* (Debes relajarte). Lo mismo puede decirse de las personas que se jubilan y creen que podrán divertirse y disfrutar de la vida, de modo que se levantan por la mañana para jugar temprano al golf, pero en lugar de disfrutar del juego, cosa muy posible, empiezan a medirlo en términos atléticos o matemáticos. ¿Cuál ha sido mi puntuación? ¿Cuánto he mejorado? Adoptan la religión del golf y asumen todo tipo de juegos sociales vinculados a este deporte, lo cual es preocupante. Y cuando el golf se acaba, se acercan a la mesa de bridge y actúan igual. Por último, cuando están completamente agotados, ya han alcanzado cierto estado de embriaguez, y la atroz búsqueda de placer no hace más que continuar.

Otro tanto puede decirse de los individuos religiosos. Practican sus meditaciones diarias; por ejemplo, cuarenta minutos antes del desayuno. Hay que cumplir con todos los pasos y fases del ritual. Y se pasan el tiempo preguntándose cuáles son los buenos maestros y cuáles son un fraude. Tal vez el Swami Fulano de Tal no es del todo auténtico, porque los verdaderos *swamis* pueden obrar magia y sus cuerpos permanecen indefinidamente incorruptos después de la muerte, sin necesidad de embalsamamiento. ¿Lo entendemos? Es la vieja historia de siempre. El mismo temperamento que pretende controlar y gestionar el presunto mundo material actuará exactamente igual en lo que respecta al presunto mundo espiritual. La gente busca el yoga más eficaz porque quiere disfrutar de sus beneficios y quiere que sea lo antes posible, lo quieren ya.

¿Adónde quieren llegar? ¿Qué es lo que quieren? ¿Adónde se dirigen? Pocos lo saben. Algunas personas tienen una comprensión precisa y disciplinada de lo que quieren, y cuando lo consiguen, se detienen, pero muy pocos son así. Cuando la mayor parte de la gente piensa en el placer, no tienen una idea muy definida de lo que es, y si no tienen una idea clara del placer, se frustran al comprobar que no era lo que en realidad anhelaban. Por lo tanto, ¿a dónde vas? ¿Y por qué te apresuras?

Mira a tu alrededor. Presta atención. Tal vez ya estás ahí, pero no te has dado cuenta. Desde el punto de vista de quien pasa hambre en un suburbio de Calcuta, todos somos tan afortunados como maharajás. Incluso la persona más pobre entre nosotros es, por comparación, un maharajá. Por lo tanto, tal vez estás ahí. Has llegado.

En este momento alguien podría decir: «No, no, no; no puede durar, ¿entiendes? Al final moriré y me convertiré en un cadáver», y eso les provoca horror. Y tal vez su muerte será una lenta desintegración, una ruta dolorosa hacia el final con visita al hospital y entubamiento. Y en su miedo y deseo por superarlo, se vuelven hacia la religión. Admiten que la desaparición física es una limitación desafortunada en lo que atañe al cuerpo, y por ello se identifican con algo más allá del mismo: el verdadero vehículo de su personalidad que continuará activo. Así, no perderán todo lo que han adquirido. Podrán introducir algo de contrabando. Tal vez los guardianes no lo descubran porque el equipaje es espiritual.

Hemos oído hablar de las puertas de perla que supuestamente sirven de entrada al cielo. La gente suele creer que son puertas decoradas con perlas, pero en realidad la puerta del cielo es una perla con un diminuto agujero atravesado por un hilo. Para entrar hay que cruzar ese agujero, y obviamente no puede hacerse con mucho equipaje: hay que dejar atrás el pasado.

Ahora empieza el mundo

¿Qué te sucede cuando te liberas del pasado? ¿Qué ocurre cuando lo olvidas todo, incluyendo quién eres? ¿Qué queda? Ni tu educación, ni tus antepasados, ni ninguno de tus logros más eminentes. Todo esto forma parte del pasado que, después de todo, no existe. ¿Dónde está? Invierte tu sentido común y descubre que tu pasado no te impulsa hacia un futuro igualmente concebible. Tan solo lo dejas atrás, como si de huellas se tratara. No te impulsa hacia ningún lugar a menos que tú insistas en que lo hace así.

Podemos optar por pasar la patata caliente. A la gente le encanta hacerlo. Podemos pensar que somos un desastre neurótico porque nuestra madre también lo era y, por lo tanto, no hemos tenido opciones en la vida. Y nuestra madre dirá que no ha podido evitarlo porque tuvo un padre espantoso y una madre terrible, y si les preguntáramos a ellos, culparían, a su vez, a sus neuróticos progenitores. Todo el mundo mira por encima del hombro y pasa la patata caliente, hasta remontarse a Adán y Eva, y ya sabemos lo que les pasó. Ellos culparon a la serpiente. Y cuando Dios preguntó a la serpiente, esta no respondió, porque la serpiente no tiene pasado: es una ondulación. La serpiente ondula de la cabeza a la cola. Y tú, ¿eres una cabeza o una cola? ¿Avanzas o retrocedes? ¿Adónde vas? Si realmente dejas tu pasado atrás, ya no estarás sometido a él. El pasado brota de un misterioso presente, siempre ahora. Este es el momento de la creación del universo. Ahora. Si miramos atrás en el tiempo y nos preguntamos por el origen del *big bang*, solo veremos huellas que se desvanecen. El *big bang* está sucediendo ahora. Ahora es cuando el mundo empieza.

Sin embargo, la gente cree que el *big bang* es algo que aconteció hace miles de millones de años: que en cierto momento todo estalló desde la nada y que las galaxias se expandieron a partir de un punto infinitesimalmente pequeño y que se dispersan en su avance hacia el futuro. Tal vez todo volverá a concentrarse en un punto y estallará de nuevo. ¿Quién sabe? Tal vez todo desaparezca, pero entonces volverá al punto inicial, antes de que el ciclo dé comienzo. Lo que aconteció una vez puede volver a suceder. La vibración es la naturaleza de la vida: grandes latidos y latidos diminutos, latidos dentro de latidos, para siempre.

Con todo, tú controlas esta situación, pero no sometiéndote a tensiones. Un *tú* más profundo que el tú abnegado es el que lo va conseguir. Es el mismo tú que hace crecer tu cabello y da color a tus ojos y diseña tus huellas digitales y todo lo demás; sin pensamiento, sin esfuerzo. Es el tú que crea el mundo, ahora mismo.

En lugar de pensar en el pasado como en la realidad que explica todo lo que sucede ahora, observemos el presente y descubramos qué está sucediendo. ¿Dé dónde procede el ahora? Es una pregunta que solo se plantean aquellas personas que creen que el pasado es la causa del presente: se obstinan por conocer el origen. ¿Quién lo inició? ¿Cuál fue la causa primera? Sin embargo, ¿y si nada lo hizo suceder? ¿Y si simplemente acontece?

Todas estas preguntas –¿Cuál es el origen? ¿Qué es la realidad? ¿Qué es el presente? ¿Qué es la vida? ¿Qué deseamos?– son susceptibles de ser respondidas en virtud de un análisis que descomponga las cosas en sus diversos elementos. No encontraremos la respuesta etiquetando, clasificando, disponiendo las cosas en cajas, ordenando, etcétera. Así es como imponemos orden: lanzamos las cosas en cajas. Cajas dentro de cajas dentro de cajas. Pero cuando todo está empaquetado, dejamos de ver el conjunto, por lo que, en lugar de disponer en cajas los diversos elementos, conviene examinarlos a medida que acontecen. Solo descubriremos lo que son observándolos y sintiéndolos directamente.

¿Lo conseguiremos?

Desde el punto de vista de la conciencia cósmica, los actos buenos y malos realizados por los seres humanos se encuentran en una suerte de equilibrio, así como los diversos comportamientos de otras criaturas –insectos, gusanos, peces y flores– están en equilibrio. Como dijo Chuang Tsé, solo los bribones y los estúpidos creen que se puede tener lo positivo sin lo negativo, el yang sin el yin.

*{ Parte de la alegría de la vida deriva
del proceso de intentar liberarnos del mal. }*

Algo difícil de aceptar para los occidentales, especialmente para los cristianos, porque se dedican a la abolición del mal. Creo que los judíos son más sensibles a ello, al no concebir que el mal sea ajeno a Dios. Como se dice en Isaías 45, «Yo soy el Señor, y no hay otro. Yo formo la luz y creo la oscuridad. Impongo la paz y traigo calamidades. Yo, el Señor, hago todas estas cosas». Los judíos creen que, al principio de la creación, Dios implantó en el corazón humano el *yetzer hara*, el espíritu rebelde inclinado a incumplir la voluntad de Dios. Y si Dios no lo hubiera hecho así, la vida humana sería insípida y sin el menor significado. Por lo tanto, Dios es responsable del mal porque lo dispuso en el corazón de la gente para darles algo contra lo que luchar. En un nivel, el aspecto perverso de las cosas forma parte de la armonía total. Su función es ofrecernos algo que rumiar y en lo que ocuparnos. Jamás nos libraremos de ella, pero parte de la alegría de la vida deriva del proceso de intentar liberarnos del mal. La función del diablo es siempre perder la batalla, pero la batalla nunca está del todo perdida; la función del aspecto bondadoso, por otro lado, es ganar siempre la batalla pero no erigirse plenamente como vencedor final.

Evidentemente, podemos resolver ciertos problemas en el mundo –por ejemplo, crear un entorno en el que la gente no esté esclavizada en trabajos extenuantes–, pero descubriremos el mal social bajo nuevas formas. Es como cuando nos preocupa mucho el dinero, no sabemos cómo hacer frente a los pagos de la vivienda, el coche y el seguro, y de pronto nos llega el dinero que necesitamos. Durante un par de días, estamos en éxtasis y casi levitamos. Antes de que nos demos cuenta, empezamos a pensar en todo lo que puede ir mal. Podríamos enfermar, el gobierno tal vez nos incordie o quizá los ladrones entren en casa y se lo lleven todo. Y empezamos a angustiarnos por todo ello con la misma intensidad con la que antes nos preocupaba no poder pagar las facturas. Si eres propenso a la angustia, siempre encontrarás motivos para angustiarte.

Esto es así porque siempre estamos en el mismo lugar. Es una explicación de la relatividad. Cuando yo era niño, la odontología británica era abominable –simplemente, una tortura–, por lo que estoy muy agradecido a la estadounidense. La experimenté por contraste, y por ello estoy en posición de apreciar la relatividad cuando se aplica al cuidado dental. Mis hijos, por su parte, solo han conocido la odontología estadounidense, por lo que aprecian menos la situación y tienen, por lo tanto, otras preocupaciones.

Como dijo el Maestro Eckhart, si una piedra fuera tan consciente como un ángel, podría ser tan feliz como aquel, o tal vez tan desgraciada. El problema de la vida –en cada nivel de la evolución– es siempre el mismo. La cuestión apremiante sigue siendo la misma: ¿lo conseguiremos?

Los hindúes enseñan que Dios juega al escondite consigo mismo, que el Brahman –el principio supremo– cae deliberadamente en la ilusión de Maya y finge ser uno de nosotros. En cada ocasión, Dios idea formas sorprendentes de perderse y llega incluso a olvidar que está jugando un juego. Nosotros encarnamos una de las formas de perderse y olvidar el juego. Y todos estos horrores y las atroces situaciones que experimentamos nos llevan a preguntar «¿Lo conseguiré?». Y a menudo la respuesta parece ser no. Puede que nos salgamos con la nuestra por un tiempo, pero al final no lo conseguiremos.

Pero ¿por qué no? Bueno, observemos una estrella. Una estrella parece durar un dilatado periodo de tiempo en forma de enorme estallido de fuego, y el fuego crece y calienta cada vez más hasta que al fin disminuye y se extingue. En determinado momento, la energía decrece y se impone la oscuridad. Todas las estrellas viven este proceso. En cierto momento, la luz cede, porque si no cediera –si siguiera creciendo hasta llenarlo todo– no tendría espacio para realizarse. Solo vemos la luz en contraste con la oscuridad.

Si eres un rayo que emana de la Divinidad, ¿qué importancia tiene si eres largo o corto? La gente quiere vivir noventa o cien años, como si eso fuera una medida de éxito. Todos quieren ser un rayo largo. Una enseñanza zen de Ryokan dice así: «En el paisaje de la primavera, no hay nada superior ni inferior. Las ramas que florecen crecen con naturalidad: algunas breves, otras alargadas».[9] Si observamos una estrella u otro tipo de objeto estelar, solo es interesante si los rayos tienen una longitud desigual. Si todos fueran iguales, parecería plana, mecánica y muy diferente al maravilloso radiolario o a los diminutos animálculos del océano. En general, tienen forma globular, pero al examinarlos más de cerca, sus tallos tienen una longitud diferente.

¿Lo conseguiremos? Es la sempiterna pregunta. Desde cierto punto de vista, no lo vamos a conseguir: el rayo se esfuma, y a eso lo llamamos muerte. Pero esto solo es cierto si pensamos que somos el rayo.

No eres el rayo, sino la fuente del rayo, y la fuente no se desvanece o se diluye. La fuente siempre está ahí, emitiendo rayos e impidiendo que estos se desvanezcan. En cada fase del universo –tanto si estás arriba, con los dioses, o abajo, con el rechazo humano– estamos básicamente en la misma situación. En esencia todo el mundo es el ser divino elaborando el paisaje de la vida con diversas estrategais, y estas diferentes formas implican espectros de todo tipo: el espectro del color, el espectro de los tonos y el espectro del ser.

En una versión del espectro del color, un extremo es púrpura y el otro rojo, pero al examinar atentamente la constitución del color púrpura, encontramos que en él hay rojo, porque el espectro recorre todo el camino. Los espectros no deberían disponerse y representarse como una realidad que se extiende de izquierda a derecha en una cinta horizontal: una interpretación circular comunica algo que las palabras no logran transmitir. Se dirige a nuestro inconsciente, a una profundidad de comprensión que nuestro pensamiento intelectual no puede aprehender. Y tal vez en el centro de una versión circular del espectro de color encontraremos que la luz blanca no es buena ni mala, no está arriba o abajo; simplemente, es lo que es. La talidad. Como dicen los chinos, el verdadero centro de un círculo es cualquier punto de la circunferencia, porque ahí podemos empezar o acabar el círculo.

Hay un koan zen que dice así: «Indra construyó una torre sin junturas». Sin junturas, no hay forma de saber dónde empieza y dónde acaba. Análogamente, en la naturaleza encontramos un orden fluido en el que cada punto es central y, por ende, es similar al resto de los puntos, lo que equivale a decir que los seres envidian a los que ocupan un lugar más alto y compadecen a los que se sitúan en una posición inferior. Quién sabe: tal vez los animálculos más primitivos imaginables tengan piedad de los ángeles.

Polarización y contraste

El ser humano está diseñado para percibirlo todo por contraste. No hay forma de saber si el mundo real ha sido creado por medio de contrastes, pero en esencia nosotros somos sistemas compuestos de neuronas que siguen patrones extraordinariamente complejos y basados en un principio simple conocido como «¿Eres o no eres?». Este es el contraste fundamental.

Las neuronas se activan o no se activan. Podemos representar esta situación con la misma aritmética binaria utilizada en los ordenadores digitales: una neurona activa con el número 1 y una neurona inactiva con el 0. A partir de estos dos números enteros podemos representar todos los números concebibles, y los mensajes en este lenguaje transmitirán todo tipo de información: matemática, verbal, pero también visual (por ejemplo, los colores surgidos de la televisión). Con la misma notación, podemos introducir objetos sólidos en un extremo de un proceso y ver cómo salen por el otro lado grabados en plástico, ampliados o disminuidos por láser u otras tecnologías. Por lo tanto, es tentador decir que el principio «¿Eres o no eres?» es fundamental en todo el universo.

Esto es lo que creían los taoístas. El yin y el yang son los principios negativo y positivo, y en el *I Ching* descubriremos diversas combinaciones de ellos que constituyen las sesenta y cuatro situaciones básicas que la vida nos presenta. Un hexagrama está compuesto por seis líneas, y los chinos hicieron hexagramas y representaron el yang con una línea ininterrumpida y el yin con una línea quebrada. Esto significa que tenemos seis líneas con dos posibilidades cada una: por lo tanto, sesenta y cuatro hexagramas diferentes. Y al tomar una decisión, por medio de un proceso aleatorio, se selecciona uno de estos hexagramas, que se utiliza para tomar la decisión. Es como lanzar una moneda, solo que en este caso la moneda tiene sesenta y cuatro caras. Cara o cruz, yang o yin.

Si aplicamos este principio a la búsqueda de placer, nos damos cuenta de que no podemos experimentar el placer sin el contraste con la ausencia de placer. Si queremos uno, hemos de conocer lo otro. No podemos tener un espectro de un solo lado, así como es imposible que exista un imán con un único polo. Admitir este hecho parece poner un terrible punto y final a todo lo que intentamos hacer –aquello por lo que nos esforzamos, cualquier tipo de progreso que queramos alcanzar– y eso resulta desalentador, por decirlo suavemente. Sin embargo, examinemos esta cuestión con más detalle.

Si todo lo que puedo contemplar es un fondo negro, no habrá nada susceptible de llamar mi atención: seré prácticamente ciego. De un modo similar, si me enfrento a un fondo puramente blanco, no habrá nada especial que concentre mi mirada: a todos los efectos, soy ciego. Sin embargo, si soy un chico malo y hago una marca de tiza en el muro negro o utilizo un trozo de carbón para escribir sobre un inmaculado muro blanco, estoy creando contrastes y, en estos ejemplos, una relación entre lo positivo y lo negativo. ¿Cuál es cuál? No importa. Puedo llamar negativo al blanco y positivo al negro o viceversa, pero es difícil hacer ambas cosas al mismo tiempo.

Dicho esto, los dos son tan diferentes como pueden serlo. La mayor parte del tiempo utilizamos la palabra *polarización* de una forma más bien incorrecta para indicar un aumento del conflicto social, pero en realidad es una forma de armonía. Los dos polos de la Tierra son la armonía de la Tierra. Los dos polos de un imán son la armonía del imán: están polarizados y, sin embargo, comparten un fundamento común. En el caso de la Tierra, es la propia Tierra el fundamento común entre el polo norte y el polo sur. Así, el negro y el blanco –positivo y negativo– son tan diferentes como pueden serlo, pero también son lo mismo. Son aspectos diferentes del mismo campo.

Esto nos conduce a la diferencia entre los puntos de vista exotérico y esotérico en filosofía, religión y otros ámbitos. El punto de vista exotérico subraya el blanco y el negro en relación con sus diferencias: bueno y malo, vida y muerte, luz y oscuridad, y así sucesivamente. El punto de vista exotérico presenta a Dios como luz, una luz en la que no existe oscuridad. Pero en toda religión hay un secreto, y es su aspecto esotérico. Un aspecto solo revelado a iniciados, a personas que puedan soportarlo. Y la perspectiva esotérica consiste simplemente en que el blanco y el negro, aunque explícitamente diferentes, son, implícitamente, uno.

No podemos alcanzar uno sin el otro. Incluso podemos decir que el negro *es* blanco y el blanco *es* negro, si con la palabra *es* queremos decir «implica». Como dicen los budistas, el vacío es forma y la forma es vacío. Los chinos tienen una manera particular de decirlo que es difícil de traducir: *vacía esa forma y forma ese vacío*, pero lo que en realidad quiere decir se acerca a «implica» o «forma parte».

El mensaje esotérico no se difunde en las iglesias. No decimos que Dios también tiene un lado oscuro, aunque así se afirma en Isaías 45. Aun así, nos asusta darlo a conocer porque creemos que ahí fuera puede haber alguien que justifique el asesinato para que los demás sepamos lo que es una buena persona, o que debemos sufrir robos o ser engañados para reconocer la bondad y la honestidad, del mismo modo que necesitamos de la lluvia ocasional para apreciar realmente la luz del sol. San Pablo también se enfrentó a este mismo problema. Se preguntó si la ley de Moisés había concienciado a la gente del bien y del mal y si el pecado era realmente necesario para la prosperidad de la gracia.

Lo esotérico se mantiene alejado de las manos de los niños, tal como dice un frasco de veneno: «Mantener lejos de los niños». Y, sin embargo, el veneno tiene sus usos: es peligroso, pero necesario en algunos casos, lo que supone un cierto equilibrio. Nuestra forma de equilibrar el uso del mal suele implicar la creación de un grupo de pertenencia y la prohibición de la violencia contra sus miembros; no obstante, está permitido obrar mal en relación con los extraños. Así es como negros y judíos han sufrido una larga persecución: se los definió como extraños, no como realmente humanos. Del mismo modo, podemos decretar que alguien está loco y despojarlo de sus derechos civiles sin necesidad del debido proceso. Son cuerpos sin una mente operativa; como decimos, no «están aquí». Lo mismo ocurre con los herejes, los leprosos y otros marginados. Al definir a alguien como inferior a lo humano, se le niega toda la protección garantizada por el grupo de pertenencia.

Encontramos estas dinámicas en juego en la distinción entre yo y el otro. Lo que considero yo mismo y lo que excluyo de esa categoría no mantienen el mismo tipo de relación de oposición que los extremos de un polo. Más bien se asemejan al centro y la circunferencia de un círculo, donde yo estoy en el centro y tú en la periferia: un extremo permanece inmóvil y el otro se mueve. A menos que mi relación contigo sea empática, desconoceré tus pensamientos y no sabré nada de tu placer y de tu dolor. Considero que mis actos son voluntarios y los tuyos involuntarios; al menos son involuntarios en lo que a mí respecta.

Evidentemente, yo sería incapaz de realizar lo que llamo mi yo sin compararlo con los demás. *Yo* solo significa *yo* porque *otro* significa *otro*, así como *es* solo significa *es* gracias a *no es*. Como en el caso del blanco y el negro, hay una relación mutua entre ambos. Esto implica que el yo y el otro van juntos y que, por lo tanto, son inseparables.

Esto nos retrotrae a la distinción entre lo que consideramos voluntario y lo que juzgamos involuntario, es decir, lo que hacemos y lo que nos sucede. A veces la división no está clara, como en el caso de la respiración, porque podemos tener la sensación de que la controlamos conscientemente y también de que se trata de un proceso que nos ocurre de forma pasiva o a nuestro pesar. Sin embargo, lo voluntario y lo involuntario son categorías en apariencia opuestas y mutuamente dependientes porque no puedo decir que he hecho algo a menos que lo compare con los actos de los demás. Este es un aspecto clave para entender lo que hindúes y budistas quieren decir cuando hablan del karma, que, como he señalado antes, simplemente significa «tu obra o tu acción». Si nos sucede algo afortunado, ellos dirán que es nuestro karma, pero eso solo significa que aquello que nos sucede acontece de acuerdo a nuestros propios actos. A menudo se malinterpreta el karma de forma supersticiosa, como si las personas fueran sistemáticamente castigadas por sus malas acciones en el pasado, pero eso no es lo que significa. El karma implica, sencillamente, que tú eres el responsable de lo que te sucede, como cuando realizas actos aparentemente involuntarios como el crecimiento de tu cabello o la digestión de la cena.

Ahora bien, si nos limitamos a lo que consideramos funciones voluntarias, entonces parece existir una clara división entre lo que hemos hecho y lo que no. Sin embargo, cuando nuestra concepción de nosotros mismos incluye actividades involuntarias, los demás se convierten en nuestros otros, y los acontecimientos involuntarios en nuestros actos. Esto es muy interesante. En consecuencia, tal vez creamos que en realidad no somos responsables de nada en absoluto: por ejemplo, que vivimos en un universo completamente determinista en el que no decidimos nada, y lo que alguien llamaría decisiones o actos voluntarios surgen de mecanismos mentales inconscientes que determinan el acontecer y nos relegan al papel de meros testigos de cuanto sucede. Por otro lado, podemos sentirnos responsables de todo, como si fuéramos Dios. Las rocas se desprenden de los acantilados, el agua es húmeda y el fuego calienta, todo gracias a nosotros.

Evidentemente, en cierto modo esta última interpretación es correcta, ya que el sol necesita de nuestros ojos para que percibamos su luz, y las rocas solo son duras en comparación con la suavidad de nuestra piel, y el peso de los objetos depende por completo de una cierta musculatura. Por lo tanto, nuestra forma de ser evoca cómo es el mundo. Podríamos decir que en el universo hay vibraciones aún no detectadas, pero no se podrán observar ni describir hasta que las encuentre un sistema sensorial. Y, de nuevo, el sistema sensorial de nuestro sistema nervioso forma parte del mundo exterior, así como el mundo exterior es un acontecimiento del sistema nervioso. El interior de la caja coincide con su exterior; el exterior es interior.

Lo mismo puede aplicarse a lo que llamamos sólido y a lo que creemos que es el espacio. La mayoría de la gente piensa que la realidad es lo sólido. Hablamos de verdades *fuertes*, de hechos sólidos. En esta forma de pensar, el espacio es una especie de fondo sin importancia y, sin embargo, no hay forma de imaginar un mundo sólido sin espacio. Para empezar, los bordes de los objetos sólidos serían invisibles y, de hecho, no habría bordes, ya que un borde es un punto de contacto entre el objeto sólido y el espacio. Si eliminamos el espacio, el objeto sólido desaparece. Y, sin embargo, concebimos el espacio como algo que no está presente: es simplemente el lugar en el que no hay objetos sólidos. Esto explica nuestra perplejidad cuando matemáticos y físicos nos hablan de las propiedades del espacio: espacio *curvo* y espacio *en expansión*, por ejemplo. Para el ciudadano medio, esta forma de hablar es absurda.

Aunque consideremos que los objetos sólidos son la única realidad, solo podremos establecerlo así si realmente los investigamos. Si observamos a través de un microscopio lo suficientemente potente, descubriremos que incluso el pedazo de acero más denso consta de una enorme cantidad de espacio. Las distancias entre moléculas, átomos y partículas subatómicas son inconcebiblemente vastas, y ni siquiera puede afirmarse que esos componentes sean sólidos. En toda la materia hay más de lo que llamamos *nada* que de esa otra cosa que consideramos *algo*. Por lo tanto, el espacio y los objetos sólidos son polos, al igual que yo y el otro, el organismo y el entorno, el individuo y el mundo. Si profundizamos en cualquiera de ellos, encontraremos el otro.

¿Qué estás diciendo al afirmar que te quieres a ti mismo? ¿Qué es lo que más amas en el mundo? Piénsalo. Personalmente, diría que me gustan los dulces, las mujeres bellas, el bistec, el vino, el buen pan. También me gusta el agua limpia, la música, el sol iluminando un hermoso paisaje. Así, si realmente intentamos hablar de nosotros mismos, descubriremos que es imposible. Quién eres y lo que amas implica invariablemente elementos distintos a ti –cosas aparentemente externas–; he aquí la inversión entre los pares de opuestos. En el ámbito del yin, encontramos el nacimiento del yang; en pleno despliegue del yang, se insinúa el inicio del yin. Uno implica al otro, y siempre se están invirtiendo. El cambio es el amor que hace girar el mundo.

*{ En realidad nadie quiere vivir en un mundo
en el que todo es positivo todo el tiempo. }*

Comparemos ahora el principio de diferencia con el principio de unidad. Sabemos a qué alude la palabra *diferencia* porque conocemos el sentido que atribuimos a *unidad*. La diferencia implica la unidad, y la unidad implica la diferencia, pero ¿qué hay entre ambas? ¿Cuál es el ámbito de conexión entre los polos? ¿Cuál es la banda magnética que se extiende entre los unos y los ceros? ¿Hay algo que subyace al sí y al no, a la vida y a la muerte, a la luz y a la oscuridad? ¿Es lo que algunos llaman Dios?

Intentamos jugar un juego entre opuestos. El juego del ajedrez implica aspectos opuestos, luz y oscuridad, y al jugar queremos ganar. Pero si yo gano, significa que el otro pierde. ¿No podríamos inventar un juego en el que nadie pierda y todos ganen? Bien, podríamos hacerlo, pero en él no pasaría gran cosa y no podríamos decir que es un juego de verdad. Y si intentamos jugar un juego en el que nadie pierda, intentaremos una tarea imposible que frustrará a todo el mundo. Esto es lo que sucede cuando queremos que todos ganen o que todo esté bien constantemente. Nos gustaría que el sol brillara todos los días. Sin embargo, en realidad nadie desea un mundo así. Creemos desearlo, o pensamos que debemos desearlo, pero en realidad nadie quiere vivir en un mundo en el que todo es positivo todo el tiempo.

Y si llegamos a la conclusión de que nada supone una diferencia, de que es blanco y negro, vida y muerte, bien y mal, alternativamente y por los siglos de los siglos, y que no podemos hacer nada para cambiar o mejorar, podemos pensar que solo nos resta sentarnos, vegetar y sumirnos en la tristeza. Pero no, aún podemos hacer algo más. Como no podemos soportarlo, como queremos que esto no sea así, tratamos de encontrar lo que hay más allá del contraste entre el placer y el dolor. Buscamos la bendición metafísica más allá de todo.

¿Cómo atribuir un sentido a todo esto? En los diversos relatos de experiencias místicas a lo largo de los siglos, se habla del intenso gozo que arrebata al individuo en el repentino descubrimiento de que la oscuridad y la luz constituyen una forma de armonía. Las dos no son disonantes. Una vez conocí a una señora mayor que sufrió un accidente en un ascensor. Su pierna quedó aplastada y costó casi media hora liberarla; durante ese tiempo la mujer confesó haber tenido la más extraordinaria de las experiencias, en la que descubrió que en todo el universo no existía ni un solo grano de polvo fuera de lugar.

Desde un punto de vista estrictamente lógico y filosófico, no significa nada decir que todo es bueno, feliz y armonioso. Equivale a decir que todo es todo. Sin embargo, quien haya experimentado la conciencia cósmica sabrá que estas no son palabras ociosas. Podemos experimentar realmente cómo lo positivo y lo negativo –el sí y el no– cantan y se forman el uno al otro y oscilan juntos en una danza fantástica, y un resplandor fluye de la luz blanca mientras el trasfondo negro se aleja, y esa retirada parece levantar un velo para mostrar el blanco. ¿El velo ha retrocedido para que brille la luz blanca, o la luz ha alejado el velo?

Cuando jugamos, lo hacemos con deportividad. Eso quiere decir que somos buenos perdedores; podemos perder con el mismo entusiasmo con el que ganamos. Y lo que buscamos en un buen oponente es a alguien que nos estimule, que gane con frecuencia y nos impulse a esforzarnos más y a dar lo mejor de nosotros mismos. Sin embargo, si al final somos nosotros los que solemos acabar ganando, el juego nos resultará aburrido al cabo de un tiempo; tiene que ser más equilibrado para resultar interesante. A lo largo de un año, haces la media y descubres que tu compañero te ha superado durante seis meses, pero luego te has vuelto a poner en cabeza. Más tarde, tu compañero vuelve a imponerse, lo que significa que tendrás que rehacerte, ponerte al día y ganar durante un tiempo más prolongado, pero si te impones demasiado, el juego volverá a resultarte aburrido.

No podemos mantener la conciencia sin contrastes. Esa es la razón por la que la gente se lanza a la aventura, asume riesgos y comete todo tipo de estupideces: paracaidismo, carreras de coches e incluso guerras. Quieren ver lo que sucede. Por supuesto, otros son más cautos. Para ellos, la vida es como un fuego, y la cuestión es mantenerlo encendido el mayor tiempo posible. Hay dos tipos de fumadores en pipa: los que dan grandes caladas y queman la pipa enseguida y los que van dando caladas pequeñas y procuran que dure mucho tiempo. A algunos les gustan los fogonazos rápidos y enormes; otros prefieren los destellos lentos y demorados. ¿Quién tiene razón? ¿Quién se equivoca?

Podemos elegir. Uno se marcha con una queja; el otro con una carcajada. La campanilla florece brevemente; el pino gigante vive más de mil años. Una mosca de la fruta vive un par de horas; una tortuga, cien años. Pero desde su propio punto de vista, tal vez las dos vivan el mismo tiempo. Desde tu propio punto de vista, ocurre igual. Un rico puede pensar que es terrible ser pobre, pero una persona nacida en la pobreza tal vez no lo considere tan extraño.

A la postre, el resultado es el mismo. Se equilibra, y no queremos que sea de otro modo. No podemos tener lo positivo sin lo negativo, y si queremos uno, tendremos que aceptar lo otro. Y si creemos que es un mal trato, invito al lector a pensar qué trato prefiere. A sugerir un mejor acuerdo. Apuesto a que cada cual descubrirá que aquello en lo que piensa no es lo que en realidad quiere; al menos, no durante mucho tiempo. La naturaleza del deseo implica el contraste. Si solo te sirvo bollos de chocolate con miel y champán para desayunar, pronto te hartarás de ellos. Lo mismo ocurriría si tenemos un harén y hemos de mantenerlo constantemente, día y noche.

Si profundizamos en el problema de la vida, descubriremos que así es exactamente como queremos que sea todo. Superficialmente, las cosas tal vez no son como querríamos, probablemente deseamos cambiarlas ahora mismo, pero vivir es como dormir en un lecho duro. Te echas en el lado izquierdo hasta que te cansas, te giras hacia el lado derecho, te vuelves a cansar y recuperar tu postura original. Quizá pruebes a echarte boca arriba, hasta que te resulta incómodo y entonces te tumbas boca abajo, luego otra vez boca arriba, a continuación del lado derecho, y luego del izquierdo. Así es como actuamos, en esencia. Una cama que siempre fuera cómoda sería irrelevante porque nunca sabríamos cuán cómoda es.

Por lo tanto, he aquí el enigma. Tiene dos caras. Cara uno: jamás podré vencer el juego de los opuestos, y nunca podré quedarme únicamente con el lado positivo de las cosas. Cara dos: no lo querría de otra manera, porque no sé cómo mejorar el juego, y en este enigma hay una repentina y curiosa deflación en la que me siento mal porque soy incapaz de influir. Sin embargo, si intento encontrar a esta persona –a este yo que quería interferir y ser puesto a prueba y que se desvanece en el presente–, no la encuentro. Busco, pero no localizo al *mí mismo* en oposición al *ellos* o al *eso*, porque no puedo tratar con uno sin los otros.

Esta sensación de frustración y desánimo es, sencillamente, la comprensión de que no existe un yo independiente. Si optamos por no experimentar esa verdad, podremos negarla, pero si nos abrimos a ella, la lógica de los opuestos en el juego del blanco y el negro nos conducirá a la conclusión inevitable de que carecemos de un yo independiente de todo lo que consideramos como lo otro.

No hay salida

No somos quienes creemos ser. No somos un yo independiente atrapado en un saco de piel. Al contrario, lo somos todo:

todo el sistema vibratorio, la ondulación, la propia pulsación que llamamos existencia. Eso somos, vibrando en senderos infinitos.

Sin embargo, percibir esta realidad puede resultar decepcionante. Algunos se preguntarán: «¿Eso es todo?». No pueden descubrir exactamente qué es lo que están esperando; tan solo saben que querían otra cosa, tal vez algún tipo de sorpresa. Si buscamos esa sorpresa en el universo –ese pequeño extra que nos dará un sentido–, estamos buscando algo equivocado. El sentido no está separado de la propia cosa. No es algo exterior, independiente, remoto o diferente. En otras palabras, el sentido de la danza es la propia danza, pero para comprenderlo hay que danzar, tenemos que practicar el vaivén.

Un estudiante zen se quejó a su maestro de que hacía calor. «¿Cómo nos libramos de él?», preguntó el estudiante. El maestro replicó: «Debes ir al lugar en el que no hace calor ni frío». Y el estudiante inquirió: «¿Y dónde está ese lugar?». El maestro respondió: «En verano, sudamos; en invierno, tiritamos». En cambio, en *Ricardo II*, de Shakespeare, Gante le dice a su hijo, que está a punto de ser desterrado: «Cuantos lugares visita el ojo del cielo son puertos y refugios para el sabio. Enseña a tu necesidad a razonar así: no hay mayor virtud que la necesidad. No pienses que el rey te ha desterrado, sino tú al rey... Vamos, di que te envié a alcanzar honor, no que el rey te ha desterrado». Pero su hijo, Enrique Bolingbroke, el futuro rey Enrique IV, no está de acuerdo, y responde así: «Oh, ¿quién puede sostener un fuego en la mano pensando en el gé-

lido Cáucaso? ¿O saciar su excitado apetito con la mera imaginación de un festín? ¿O desnudo revolcarse en la nieve de
diciembre pensando en el fabuloso calor del verano? ¡Oh, no!
El pensamiento de lo bueno nos da mayor idea de lo peor».

Por eso el maestro zen nos invita a aceptarlo. Cuando hace
calor, come curry; cuando hace frío, bebe agua con hielo. Adáp-
tate a las circunstancias adversas, como hacen en el judo. Cuanto más fresco quieras estar, más calor sentirás. No podemos
hacer nada para asegurarnos de disponer de aquello que deseamos todo el tiempo. No podemos transformar nuestra conciencia en un estado permanente de placer, gozo o éxtasis.

¿Qué sucede cuando al final nos convencemos de que solo
podemos habitar el instante presente? ¿Qué ocurre al descubrir que es imposible estar en otro lugar, ser consciente de algo
distinto al presente, y de que no podremos engañar a nuestra
mente con ningún truco –ya sea una disciplina de acero, la
autohipnosis o algún hechizo– para propiciar la transfigura-
ción, el *satori*, la iluminación profunda, la conciencia cósmica
o cualquier otro nombre que queramos darle? La persona que
necesita ser transformada será la que intenta realizar la transformación. Es como tratar de salir de la ciénaga tirando de tu
propio pelo, como pretender morder tus propios dientes, mi-
rarte a los ojos sin un espejo o colocarle patas a una serpiente.
Es imposible.

Afrontar este hecho puede resultar desalentador, incluso
deprimente, pero no hay nada que podamos hacer. Si estás deprimido, ese eres tú en el instante presente. Puedes intentar eva-

dirte con algún tipo de distracción, pero no harás más que barrer la suciedad bajo la alfombra. Por lo tanto, si la situación te hace sentir abatido, inútil o deprimido, y también comprendes que no hay nada que puedas hacer al respecto, ¿qué sucede?

{ Solo podrás gestionar el mañana
si no te lo tomas en serio. }

Observa simplemente lo que acontece. No sugiero que te limites a contemplar tu estado deprimido, sino también todo lo demás. Tu respiración va y viene, tus ojos ven y tus oídos oyen, el mundo sucede a tu alrededor y a través de ti. Tal vez no sepas qué va a pasar a continuación, ni qué hacer al respecto, por lo que solo te queda observar. Todas las huidas te llevan al lugar del que querías escapar. Puedes tomar todo tipo de desvíos –uno detrás de otro–, pero al final te llevarán al punto de partida.

Cuando todos tus proyectos, ideales y aspiraciones se resuelvan en el tipo de derrota que estoy describiendo, te encontrarás, de forma muy natural –y no forzada o fingida–, en el estado contemplativo. En este estado, nos limitamos a observar lo que sucede. Si surgen pensamientos, entendemos que son fútiles –al menos en lo que atañe a cambiar las cosas–, porque creer y seguir esos pensamientos es como matar mosquitos a cañonazos.

Observa tus pensamientos tal como seguirías el tictac de un reloj, o como atenderías al canto de los pájaros, o como escucharías el agua que cae de un grifo que gotea. Todo forma parte del acontecer universal. La vida continúa. Limítate a observar. Como los pensamientos no son más que cháchara, acabarán por desaparecer. El pasado desaparece porque sabemos que es solo un recuerdo, y el futuro desaparece porque aún no ha sucedido; solo es un pensamiento. El mañana nunca llega.

No existe el mañana. Y si no entiendes que no lo hay, es inútil hacer planes al respecto. Pero si entiendes que el mañana no llegará, tal vez los planes resulten útiles porque podrás disfrutar de su aplicación si esta funciona. Solo podrás gestionar el mañana si no te lo tomas en serio.

Algunas personas –especialmente los practicantes de budismo, yoga, misticismo, etcétera– hablan de esto en términos de liberación del ego. Y la mayor trampa para quien se introduzca en las disciplinas espirituales es concebir el proyecto de liberarse del ego. Regresan a casa de los retiros y presumen de lo que han sufrido, del dolor experimentado, y están terriblemente orgullosos de sí mismos. Unos absolutos necios. Este tipo de arrogancia espiritual no hace más que inflar y acrecentar el ego hasta un tamaño colosal. Es la ambición del ego por desprenderse de sí mismo; que nadie se deje embaucar por algo así.

El ego no puede liberarse de sí mismo. Es absolutamente imposible. Y al examinar la situación con detenimiento, todas esas disciplinas espirituales que la gente asume para liberarse de su ego contienen, en su idea subyacente, los medios para convencernos de que es imposible, y no solo de forma teórica. Están concebidas para que entendamos que no podemos liberarnos del ego en la medida que no es posible apagar un fuego con más fuego.

Un individuo realmente ególatra será menos ególatra que quien intenta hacer desaparecer su yo. En realidad, no es egoísta decir la verdad acerca de lo que queremos; por ejemplo, si alguien está cansado de nuestra compañía y simplemente dice: «Lo siento, pero no quiero a nadie cerca de mí en este momento», decimos que es egoísta, pero nada más lejos de la realidad, porque con este tipo de persona siempre sabemos a qué atenernos. Nunca sentirás que te impones a alguien así, y eso hace que la relación sea cómoda.

Les debemos a otras personas ser tan egocéntricos como en realidad somos. Cuando toca ser egoístas, seamos egoístas. Si alguien nos pide ayuda y consideramos que tenemos que ayudarlo y nos presentamos con las mejores intenciones pero en realidad no pretendemos hacerlo, la situación será mucho peor. Decepcionarás aún más a esa persona. Si no queremos ayudarla, nos da pereza o preferimos no hacerlo, es mejor decirlo. No debería avergonzarnos decir que no, porque al final lo diremos de todas formas, por lo que conviene hacerlo cuanto antes. No les digamos que tenemos que pensarlo si esa es nuestra forma de ofrecer una negativa. Simplemente, hemos de decir la verdad.

La gente siempre se engaña entre sí a propósito de este tipo de cosas. Es importante ser tan egocéntricos como en realidad somos porque la ambición de serlo menos es una forma insidiosa de egoísmo. No hay nada más censurable que la ambición de ser santos.

Por esta razón, no tengo nada contra los gurús que arrojan a sus seguidores a todo tipo de carreras de obstáculos. Ellos lo han querido así. Y no respetarían a su maestro si este no se lo pusiera difícil. A cualquiera que vaya al psiquiatra le deberían examinar la mente. Quiero subrayar este punto: cada uno es responsable. Si acudes a un gurú, le estás concediendo la autoridad para hacerse cargo de tu desarrollo espiritual. A su debido momento, el gurú te demostrará que la autoridad siempre ha sido tuya, pero no podrá hacerlo limitándose a hablar, de ahí que te impondrá todo tipo de pruebas y calvarios diseñados para hacerte sentir miserable. Y el gurú mantendrá esta tensión hasta que te des cuenta de que todo es responsabilidad tuya.

Pero ¿quién es el que lo descubre? En el sistema euclidiano, un punto tiene posición pero no dimensión, lo cual resulta absurdo. En las matemáticas actuales, el punto no se define en absoluto; tan solo decimos que constituye un límite, lo cual es más útil. Eso es lo que quiero decir cuando pregunto por *quién lo descubre*. No hace falta que lo definamos más porque entonces le daremos vueltas a si el yo es inmortal o no, eterno o no, independiente o no, y así sucesivamente. Y todo esto es completamente absurdo.

Cuando digo «yo sé» o «yo hago», no significa que haya un agente del saber o un actor de los acontecimientos. Si afirmo «yo digo», estoy diciendo que el habla es emitida por alguien que está aquí, en oposición a allí. No hay distinción entre el yo y el habla: soy lo que digo porque lo que digo es el acto. Soy yo mientras lo digo. Y es así con el resto del cuerpo –*yo cabeceo*, *yo corazoneo*, *yo estomaqueo*, *yo hueseo*, *yo respiro*–; todo ello soy yo mientras sucede. Todo es un proceso. Todo ondula.

El yo que supuestamente vive en el cerebro –el alma mítica que habita este cuerpo– es ficticio. Se trata de una convención social, como el ecuador o la medición de la temperatura. No puede hacer nada, pero la idea de que puede hacerlo activa nuestros procesos psíquicos.

Lo único que podemos hacer es dejar que las cosas sucedan. Pase lo que pase, deja que ocurra. Y ni siquiera *permites* que pase, porque ¿cómo podrías evitar que aconteciera? Aunque intentaras detenerlo, ese esfuerzo formaría parte del suceso. Y al descubrir que no hay nada que hacer salvo dejar que las cosas sucedan, de pronto adviertes que eres tú quien sucede. Tú no estás limitado al interior de tu cráneo. Eres el viento que sopla en el exterior, los coches que avanzan por la calle, el sol que brilla, el bullicio de la existencia humana. No hay realidad aparte de ti.

Al reconocerlo así, no intentes aferrarte a ello. Déjalo ir. No tomes nota; no trates de recordarlo: limítate a contemplar qué pasa a continuación. Continúa. El momento siempre es nuevo, siempre es fresco, no importa lo que suceda. No intentes fijarlo a un molde; no lo llames *satori*. El *satori* es algo que queremos conservar. No conserves nada. En todo caso, no podrás hacerlo: es como verter agua en un cubo sin fondo.

A medida que lo dejes ir y sigas avanzando, descubrirás que algo avanza constantemente hacia ti. No sabes lo que es, e ignoras lo que va a pasar a continuación; por lo tanto, observa. Siempre estás aquí cuando sucede: en el momento crítico, que siempre es el instante presente. No hay guion. No tiene sentido preocuparse acerca de si esto es lo que debes hacer o si estás haciendo lo correcto o lo incorrecto. El único modo de que exista un guion es si insistes en asumir un guion ajeno. Lo que acontece no procede de otro lugar o de otra persona: viene directamente de ti. El surgimiento espontáneo eres tú. No hay nadie aparte de eso.

Como sabéis, las cosas más agradables en la vida casi siempre suceden inesperadamente. No son planeadas. Cuando llevo a mis estudiantes a Japón, siempre les digo que no vamos a hacer un *tour* planificado. Los viajes planificados acaban siendo muy decepcionantes porque hay una acumulación de expectativas. Al viajar a países extranjeros, la mayor parte de la gente solo ve lo que supuestamente debe ver –el Taj Mahal en la India, por ejemplo– y viajan siguiendo un plan, porque es lo que supuestamente han de hacer, y hacen fotos con esas pequeñas cajas negras, instrumentos para capturar la experiencia –clic, clic, clic–, y en realidad nunca ven nada. Se limitan a mirar por el visor para asegurarse de que la imagen es buena, y eso es un absoluto latazo. Tienes la maravillosa oportunidad de estar en el milagroso Taj Mahal y experimentar todo lo que tiene que ofrecer, y en cambio pierdes el tiempo tomando fotografías para preservar un recuerdo artificial. Clic.

{ Un principio fundamental del vaivén
y de la búsqueda de placer material
es una vida no programada. }

En Estados Unidos, decimos: «Sigue tu olfato». En Japón dicen: «Sigue tus pies», porque Japón es fácil de pasear: tiene esas calles estrechas, patios agradables y todo tipo de lugares recónditos para deambular a placer. En este país no se te permite vagar así, y si lo intentas en una de las zonas bonitas de la ciudad, la policía te parará. ¿Dónde vas? A ningún sitio en particular. Bien, es una actitud sospechosa, pero por suerte aún lo podemos hacer en Japón. Puedes girar a un lado sin tener ni idea de adónde te diriges, y de pronto te encuentras en el más maravilloso de los jardines, o en un pequeño y encantador restaurante que sirve la comida más extraña, o en un bar donde te ofrecen caracoles de mar asados y en el que apenas hay sitio para dos personas, o en una tienda que vende una alfarería extraña, y aunque el tendero no habla una palabra de inglés, te sirve el té y te trata con la más exquisita cortesía. Son experiencias que no están en ningún itinerario. Harás estos descubrimientos siguiendo tus pies.

Evidentemente, para la comodidad de otras personas, es necesaria alguna planificación. Dicho esto, un principio esencial del vaivén y la búsqueda del placer material es una vida no programada. Es bueno disponer de algún tipo de planificación siempre y cuando no seamos rígidos al respecto. Así como el esqueleto es el marco para la carne, un plan es un conjunto de huesos para la ondulación. Después de todo, necesitamos algunos huesos, o todos tendríamos un aspecto un tanto viscoso. Pero eso no quiere decir que nos tomemos en serio a nuestros huesos. Esto se aplica tanto al nivel de los más simples placeres sensuales como al de las experiencias místicas más elevadas.

5. Lo que es en sí mismo

La *Kena Upanishad* dice que el Brahman solo puede ser conocido por aquellos que lo desconocen. Mateo 16 dice: «Todo el que quiera salvar su vida la perderá». Otros muchos textos nos dicen que el mayor conocimiento no es un conocimiento en absoluto. La literatura mística está llena de este tipo de paradojas. La conciencia cósmica surge de sí misma cuando observamos que no surge nada, salvo lo que brota de sí mismo.

En otras palabras, la vida no es algo independiente de nosotros, ni algo de lo que nosotros seamos responsables. La vida y nosotros ocurrimos espontáneamente. En chino, la palabra para *espontáneo* y la palabra para *naturaleza* son la misma; traducida a nuestra lengua, «lo que es en sí mismo». No podemos preconcebir lo espontáneo; no podemos falsificarlo ni limitarnos a imitar lo que consideramos espontáneo yendo contra las convenciones sociales. Así realizamos el anverso de la convención, lo que significa que estamos tan condicionados por la convención como siempre. Lo verdaderamente espontáneo ocurre únicamente por sí mismo, y no puede ser programado.

¿Significa eso que hemos de aceptar las cosas como vienen? ¿Vivir día a día? Una persona que se plantea estas preguntas desconoce lo que significa tomar las cosas como vienen. Tiene el concepto de lo que implica vivir día a día, momento a momento, pero sigue siendo solo un concepto. Tal vez piense que la gente normal elabora planes y esquemas y sucumbe a la ansiedad, y que lo correcto es hacer exactamente lo contrario. Es lo mismo que la espontaneidad fingida, porque aceptar las cosas tal como vienen no significa imitar una actitud plácida o simular otro tipo de acción.

Del mismo modo, la gente tiene muchas ideas preconcebidas sobre los místicos, budas, sabios, etcétera. A menudo los imaginan como seres desprovistos de emociones. Cuando un maestro zen se enfada, su ira es tal que tiembla toda la habitación. La diferencia es que, cuando la ira pasa, se acabó: ha desaparecido. Lo mismo ocurre con los niños. Estallan y gritan, pero al poco tiempo todo vuelve a su cauce. La gente cree que las santas y los santos deberían tener un mayor control sobre sí mismos, mostrar pocas emociones y estar completamente serenos y plácidos en toda circunstancia. Tonterías. Esta gente preferiría un buda de piedra que uno de carne y hueso. Golpearán a un santo y observarán cuánto tarda en gritar, pero, evidentemente, se supone que un santo no debe hacerlo. «¡No has gritado! ¡Has ganado!» No supone mucha diferencia, porque un santo así bien podría estar muerto. Es una mera prueba de insensibilidad. No hay forma de explicar en qué consiste el estado de iluminación. No hay un estereotipo. Quienes han intentado describirlo acaban por decir que es inefable, que lo que procuran describir es algo que en realidad no ha acontecido.

En lo que respecta a tomarse las cosas tal como estas se presentan, la mayoría de las personas piensan en despertarse, tomar el desayuno, lavarse los dientes, tal vez darse una ducha o mirar por la ventana durante un rato, vestirse, subir al autobús y observar qué pasa a continuación; pero no tiene nada que ver con todo esto. Cuando nos sumimos en el estado que estoy describiendo, todas las cosas inscritas en esta secuencia de acontecimientos cotidianos y ordinarios constituyen un proceso absolutamente mágico y extraño que define al universo entero, y al ver cómo todo el mundo se apresura con sus ojos salvajes, inquisitivos, todo su anhelo y toda su locura, sentimos pena por ellos. No nos enfadamos; lo lamentamos porque no entienden que es todo lo que acontece. Todo se dirige hacia ese punto; todo procede de ahí. El alfa y el omega son el ahora.

La espontaneidad y la mente no nacida

En su mayor parte, nuestras relaciones sociales son muy controladas. Nuestras conversaciones transcurren según un previsible patrón lineal, y si de pronto alguien cambia de tema, produce una pequeña crisis social. Por lo tanto, según las reglas, si no queremos ser considerados como el loco que piensa asociativamente (y no de forma lógica y lineal), esperamos una pausa en la conversación y precedemos nuestro comentario de algo como «Perdón por cambiar de tema, pero...». Eso indica el cumplimiento de las expectativas.

Sin embargo, ¿y si cambiamos las reglas? ¿Y si pedimos a un grupo de personas que conversan entre sí que digan lo primero que se les pasa por la cabeza? Observemos qué pasa si pedimos a la gente que asocie libremente las ideas: se quedan en blanco. Algo les dice que no deben moverse ni hablar, porque no pueden confiar en sí mismos. Para contribuir a esto, un psicoanalista nos pedirá que hablemos de nuestros sueños, porque hablar de los sueños es una forma de fabular y decir cosas de las que no se nos considerará responsables. Podemos decir algo sobre nosotros mismos sin admitir que nos referimos a nuestra persona. Ya hablamos libremente en sueños. El sueño es un proceso de pensamiento asociativo más que lógico, y podemos describirlo con entera libertad porque corresponde al pasado: no acontece en este preciso momento.

Es más fácil practicar la asociación libre por medio del dibujo. Dibujar cosas sin sentido no tiene muchas consecuencias. Pero tenemos que convencer a los demás para que practiquen la asociación libre con el lenguaje porque las palabras ejercen una poderosa influencia en la sociedad. Las palabras pueden hacer explotar a la gente en un instante. Si decimos la palabra equivocada, todo el mundo se ruboriza; así es como puedo provocar una reacción fisiológica solo con palabras. Por esa razón, es peligroso alejarse del orden de las palabras y comunicarnos con los demás de forma desestructurada. Sin embargo, si todos hemos participado, no nos hemos retirado y hemos descubierto que solo son palabras y tenemos curiosidad por los resultados, el grupo en su conjunto se sentirá seguro. Empezaremos a comprender que podemos confiar en nosotros mismos y comportarnos de una forma no egocéntrica y sin dañar a los demás, sin crear el caos ni derramar sangre, sin robar los bienes ajenos, conscientes de que realmente existe la posibilidad de hacerlo y de amar a los demás. De hecho, esta ha sido la práctica habitual en algunos círculos espirituales; por ejemplo, entre los pentecostales.

El *koan* constituye un reto y una respuesta en la que detenernos, y pensar en una determinada situación significa perder y quedar fuera. Podemos volver a intentarlo, pero jamás sabremos cómo va a ser la situación a la que vamos a responder. Por ejemplo, una vez un maestro zen planteó una pregunta específica a uno de sus alumnos. El estudiante respondió, y el maestro aceptó la respuesta. Sin embargo, en cuanto el alumno se marchó, el ayudante del maestro expresó sus dudas respecto a si el estudiante había comprendido o no la cuestión, por lo que el maestro le pidió que volviera al día siguiente. El alumno regresó, el maestro le formuló la misma pregunta y obtuvo exactamente la misma respuesta. «No, no, no», dijo el maestro, «no es correcto». El estudiante estaba confuso. «Pero ayer me dijo que la respuesta era correcta.» Y el maestro replicó: «Lo sé. Ayer era correcta, pero hoy es incorrecta».

Cada situación es diferente. Todo cambia constantemente. La cuestión es responder de forma apropiada al campo de fuerzas activo en el momento presente. Y no podemos decir cómo es el campo de fuerzas mediante el intelecto, el análisis o un proceso de crítica consciente. Tu cuerpo sabe. Tu cerebro también sabe, pero no a través de la atención consciente y la formulación de palabras. Tu cerebro es capaz de descubrir la respuesta, pero si no confías en él, irás dando tumbos y harás tonterías; no estás acostumbrado a confiar en tu cerebro.

Pero no funcionará intentar comportarme espontáneamente. Eso es lo que vemos cuando la gente cree que va a pintar espontáneamente, van a extraer sonidos improvisados de un instrumento musical, van a danzar espontáneamente, van a celebrar obras improvisadas en el escenario o van a realizar *performances* donde sucede de todo. En general, la mayoría de estos experimentos son fracasos colosales y aburridos, y es muy comprensible por qué. Son la obra de personas que no confían plenamente en sí mismas. Confiar en uno mismo es, de hecho, una especie de disciplina.

No podemos ser grandes comediantes. No se trata de memorizar bromas, emular a los grandes cómicos del pasado o ser buenos actores que aprovechan un guion divertido escrito por un genio. La comedia se basa en el elemento sorpresa: la broma imprevista que nadie espera. Eso es lo que hace que la gente se ría. La habilidad para conseguirlo se tiene o no se tiene, y para que sea más especial hay que aplicarla sin que sepamos qué va a pasar a continuación. El verdadero cómico interactúa con el público en una situación no estructurada y presenta los chistes como puramente improvisados. He aquí a alguien trabajando con verdadera inteligencia y confianza.

Análogamente, escribir poesía es un trabajo arduo. Lleva muchas horas conseguir la melodía y la belleza de las palabras. Es como pulir una gema: para empezar, hay que disponer de un material valioso. No se trata solo de pulir; lo importante es la gema. Descubrir esa gema requiere confianza en tu inteligencia inherente y original.

Esto es lo que el gran maestro zen Bankei llamaba la mente no nacida.[10] Se trata de la mente no individualizada, no del ego. Una vez, Bankei dijo que si oímos que alguien dice «covo» y sabemos que se refiere a un cuervo, la mente no nacida está activa. En una ocasión fue interrumpido por un sacerdote que se encontraba en la parte posterior de una multitud y que le gritó: «No comprendo una sola palabra», y Bankei le dijo: «Acércate, te lo explicaré». El sacerdote se acercó un poco, y Bankei le dijo: «Acércate más», y el hombre se aproximó aún más, hasta subir al estrado con él. Entonces Bankei señaló: «Bien. ¡Mira qué bien me has entendido!».

En otra historia, alguien preguntó al maestro Nanquan por cierto ganso. «He oído que un hombre crio un ganso en una botella. Al final creció tanto que no podía salir. El hombre no quería herir al ganso ni romper la botella. ¿Cómo podría sacar al ganso?». Nanquan escuchó y luego cambió de tema. El interlocutor se incorporó para marcharse, y cuando puso la mano en la puerta, Nanquan gritó: «¡El ganso ha salido!».

Si me dices «Hola» y yo te respondo «Hola», lo hacemos sin más. No tenemos que pararnos a pensar en ello. No te preguntas si yo soy un pícaro; te limitas a responder. Sin embargo, podríamos decir que respondemos por costumbre y, ciertamente, a menudo emitimos respuestas condicionadas que en determinado momento nos han enseñado, pero antes hemos visto que este tipo de cosas no funcionan en el caso del cómico. Un cómico tiene que acceder a una realidad que va más allá de la costumbre. Es lo mismo que cuando nos encontramos en una crisis y actuamos espontáneamente con inteligencia cuando no hay tiempo para valorar las opciones y evaluar las diversas decisiones. Tu propio ser hace acto de presencia y acude en tu ayuda.

De nuevo, no es algo que debamos hacer. No necesitamos tener fe en nosotros mismos porque es virtuoso o porque eso significa que estamos psicológicamente integrados (con suerte, más psicológicamente integrados que las personas que conocemos). No es así en absoluto. En realidad, no podemos evitarlo; lo hacemos de manera constante. Solo cuando atrae nuestra atención, se convierte en un problema. Si no llama nuestra atención, operamos de forma inteligente y sin pensar en absoluto, pero cuando lo vemos suceder pensamos en ello y decimos: «Probablemente no debería hacerlo».

> *{ La única forma de dejar correr las cosas*
> *es recordar que no podemos aferrarlas. }*

Es como trabajar con cierto tipo de jefe: aquel al que jamás debes pedirle consejo. Todo va bien si te limitas a hacer tu trabajo, pero en cuanto le pidas su opinión en relación con lo que estás haciendo, lo paralizará todo mientas piensa en ello. No sabe decidirse. Por eso no deberías preguntar, sino seguir adelante y cumplir con tu trabajo. Así evitarás que los demás pierdan el tiempo y le ahorrarás una úlcera a tu jefe. Del mismo modo, algunas personas siempre quieren saber si determinada acción es legal o no, y el mejor consejo suele ser seguir adelante y proceder sin preguntar. En el zen hay un dicho que reza así: «Oficialmente, no se permite pasar ni a una aguja. Extraoficialmente, pasan un carro y seis caballos». Si la ley no se quebranta de forma directa y no se pide a las autoridades que se decidan al respecto, es probable que puedas salirte con la tuya.

Puedes confiar en tu propia habilidad e inteligencia orgánica. En realidad, no podemos evitarlo. Si intentas evitarlo y te dices que no puedes confiar en ti mismo, entonces la idea de que no puedes confiar en ti mismo es sospechosa. Después de todo, no deja de ser una de tus ideas. Si crees que no puedes confiar en tu cerebro, ¿cómo confiar en la lógica que subyace a esa creencia? Por último, no es bueno decir que lo vas a dejar correr y por último confiar en el campo de fuerzas en el que vives. No actúes así. Por el contrario, recuerda que no debes aferrarte a nada. La única forma de dejar correr las cosas es recordar que no podemos aferrarlas. No hay nada que aferrar ni nadie a quien apegarse. Todo conforma un sistema, una única energía.

Relajación, religión y rituales

Todo lo que nos rodea es completamente mágico. Algunas personas imaginativas son conscientes de ello, y lo demuestran por medio de sus actos y mediante todo aquello de lo que se rodean. Hemos de tener presente que hay personas con las que o bien tenemos mucha afinidad o bien nos despiertan un gran temor porque no son convencionales: tienen imaginación; desprenden un aura mágica. Y no se ocultan bajo el intento de conformarse a un ideal convencional. Algunos artistas son así, al igual que aquellos a los que yo llamo *gente relajada*. La sociedad relajada está compuesta por una maravillosa clase de personas. No están constantemente al límite. Algunas personas están siempre tensas, y acabamos por sentir que nuestra presencia las perturba o incomoda.

Por otra parte, las personas relajadas tienen lo que en árabe recibe el nombre de *barakah*, que se traduce aproximadamente como «gracia divina». Una vieja sartén con muchos años de uso es perfecta tal y como es; eso es *barakah*. Podemos intentar reproducirlo encontrando algunos procesos científicos para objetos artificialmente envejecidos –para barnizar un bronce en cinco minutos o envejecer un vino–, pero esos intentos rara vez funcionan. Es todo ilusorio porque *barakah* solo se produce a través del proceso de crecimiento. La gente no quiere esperar, pero todo consiste en la espera. No me refiero a la virtud de la paciencia; hablo de esperar cuando no se puede hacer otra cosa. Cuando entendemos que solo podemos esperar, eso es lo que sucede. No se puede apresurar. En cuanto intentamos acelerar el proceso, ese mismo intento impedirá que suceda. El milagro ocurre constantemente, pero no lo percibimos si intentamos generarlo nosotros, y menos aún si pretendemos acelerarlo.

Siempre serás quien eres; siempre serás el mismo vago que has sido hasta ahora. Nada cambiará eso. Todas tus buenas resoluciones no son más que vana grandilocuencia. Sin embargo, al entender esta realidad, empiezas a ser real y te relajas. Tu debilidad es, de hecho, tu fortaleza. Tu punto fuerte no es tu gran ego ni tu enorme voluntad: es tu pereza, tu debilidad, tu lado ridículo.

A cada instante acontecen sucesos maravillosos. Los placeres más sinceros y las iluminaciones más asombrosas se dan en los aspectos más triviales de la vida cotidiana. Todas estas historias zen hablan de ello. Un monje barre el patio, una pequeña teja rota golpea el bambú y, ¡bum!, el monje descubre el secreto del universo en ese sonido. Cualquier cosa puede suscitar ese acontecimiento: la luz en una gota de rocío o el sonido de una campana. Cualquier cosa puede brindarnos el despertar.

Existe un principio al que me he referido anteriormente y que los japoneses llaman *jijimuge*. Si descomponemos esta palabra en sus diversas partes, *ji* alude a toda experiencia que podamos identificar como una cosa o un acontecimiento, y en este caso la duplicación de *ji* significa «entre cosa/acontecimiento y cosa/acontecimiento». *Mu* significa «no», y *ge*, «barrera» u «obstrucción», por lo que, si expresamos el principio con otras palabras, obtenemos: «Todo acontecimiento implica todos los demás». Si levantamos el eslabón de una cadena, alzamos la cadena entera. Si elegimos una única cosa/acontecimiento, todo el universo está implicado. No hay elementos independientes: todo es un único proceso unificado que no puede dividirse en voluntario e involuntario, tú y yo, libre o determinado, porque todo ello sucede al unísono. Todas estas categorías son meras ideas que podemos abandonar porque no son más que una red diseñada para atrapar el agua.

Si dejamos de apresurarnos para atrapar el placer, lo conseguiremos. Y no tenemos que sucumbir a la ansiedad acerca de su permanencia. No tenemos que preocuparnos más por ello, porque sabemos que, si nos preocupamos, simplemente lo ahuyentaremos. ¡Qué gran alivio! Ya no tiene que preocuparnos si el placer permanecerá o si perderemos nuestra perspectiva o si el *satori* remontará el vuelo inmediatamente. Cuanto más lo dejes correr, más se quedará. E incluso tu preocupación por asegurarte de dejarlo ir no es más que un problema.

El maestro chino Yoka Daishi lo expresó así: no puedes aferrarte a ello, no puedes liberarte de ello, y al no ser capaz de conseguirlo, lo alcanzarás. Cuando guardas silencio, habla, y cuando hablas, guarda silencio. La gran puerta está abierta y nadie la obstruye.

Hay muchas razones por las que no me gusta discutir con nadie acerca de su religión, en gran medida porque la religión de cada cual refleja su vida. Su vida puede resultar extraña, pero desde el punto de vista hindú, es solo el viaje que ha adoptado en esta ocasión. En el mundo de la ilusión, la Divinidad interpreta todos los papeles: los villanos y los héroes, los tontos y los sabios, los pecadores y los santos. Por lo tanto, no quiero convertir a nadie ni conquistar almas, porque sería como decirles a los cerdos que deben convertirse en vacas, o decirle a una jirafa que su cuello es demasiado largo, o subir a un elefante y quejarme de su peso.

Supongo que la mayoría de los lectores están familiarizados con Krishnamurti. Sus enseñanzas y las mías tienen mucho en común, aunque en mi opinión él es más purista, en el sentido de que adopta una actitud más bien negativa hacia aspectos reconocidamente religiosos. No cree en la literatura religiosa, las ceremonias, la meditación, etcétera, y no se imaginaría participando en un ritual, al menos no en un ritual que pueda interpretarse en un sentido religioso.

Me esfuerzo en comprender a las personas en lo que son, no con el propósito de clasificarlas y ubicarlas en determinado compartimento, sino para descubrir si es posible encontrar lo divino en sus múltiples disfraces. Kabir fue un místico y poeta indio que vivió en el siglo XV. Fue célebre por percibir al amado –la Divinidad– en todas partes, en todos los seres, y por lo tanto creía que era presuntuoso predicar o hacer recomendaciones a nadie. La Divinidad adopta incontables formas, y la mitología hindú es conocida por algunos personajes fundamentales. Pensemos, por ejemplo, en Kali. Esta diosa representa el aspecto oscuro del yin: lo femenino de lo femenino, la fuerza femenina devoradora que lo engulle todo en su oscuridad. A Kali se la suele representar con colmillos, su piel es negra, lleva una cimitarra en una mano y una cabeza cercenada en la otra. Es un personaje completamente sangriento y, sin embargo, es la madre del universo. Hay Kalis en todas partes. Nos gustaría decir «Kali no es tan mala; después de todo, tiene su lado bueno», pero esa no es la cuestión. La cuestión es concebir su aspecto aterrador como un aspecto de lo divino. Si somos capaces de hacerlo, nos abstendremos de pedirle que cambie o mejore.

> *{ El misterio de la vida no es un problema*
> *que debe ser resuelto, sino una realidad*
> *que hay que experimentar. }*

Sé que es no es fácil. Personalmente, siento un gran rechazo por la periferia lunática del protestantismo: los testigos de Jehová, por ejemplo, o los bautistas del Sur, al estilo de Billy Graham. No los entiendo. Me pregunto de qué va todo eso: ¿a qué juegan? ¿Qué placer obtienen de ello? ¿Por qué la Divinidad participa de ese juego? Es un misterioso asunto. E intento concebirlo como un misterio, porque es mucho mejor que pedirles que cesen y desistan de todas esas tretas y vanidades religiosas. Desde mi punto de vista, la mayoría de las tretas religiosas no son más que vanidad, pero recuerdo las palabras de William Blake: «El loco que persiste en su locura se tornará sabio». Por esta razón, considero la posibilidad de que incluso las religiones delirantes constituyan formas de realización: cuanto más nos alejamos de la iluminación, más nos acercamos a ella, ya que el camino es un círculo.

La mayoría de los seres humanos nos preguntamos qué beneficio podemos obtener de la religión y de la espiritualidad. Si rezo, medito o practico yoga, ¿qué sacaré de ello? ¿Qué magia me permitirá obrar? No debemos pensar así. Por el contrario, deberíamos acercarnos a la religión y la espiritualidad tal como lo hacemos al mundo del arte. No contemplamos una pintura o escultura y nos preguntamos por su utilidad; no escuchamos música porque pensamos que nos aporta un beneficio particular. Apreciamos el arte en todas sus formas simplemente porque lo disfrutamos: es bello y divertido. Y nos hace querer más. Si adoptamos esta actitud en relación con cualquier práctica designada como religiosa, la disfrutaremos como forma de expresar euforia, placer, asombro y el aprecio por la magia del ser.

Como muchos han dicho, el misterio de la vida no es un problema que debe ser resuelto, sino una realidad que hay que experimentar. Quienes intentan explicar los misterios acaban por destruirlos, y destruir los misterios es destruir la vida. Ojalá que todos sigamos siendo misteriosos recíprocamente.

A pesar de lo que dice Krishnamurti, creo que nos empobreceremos sobremanera si abandonamos la meditación, si dejamos de ir a la iglesia o renunciamos a participar en rituales de todo tipo. ¿Qué ocurriría si lo hiciéramos? Las iglesias se convertirían en museos, las escrituras sagradas se utilizarían para encender fuegos, los rituales solo sobrevivirán en forma de danzas folclóricas y seríamos purificados de toda superstición. Desde un punto de vista estético, no deseo nada de todo eso. Personalmente, me agradan los juguetes mágicos. No creo en ellos en el sentido de pensar que me ayudarán en los juegos competitivos de la vida, pero cuando veo una figura del Buda sentado en su trono de loto con una varilla de incienso quemándose ante él, siento algo radiante, cálido, civilizador, humanizador, y al mismo tiempo misterioso. Es difícil de explicar.

Me gustan especialmente las imágenes y prácticas del budismo Mahayana, que constituye una forma de religión urbana y sofisticada. No te persigue ni te acosa con sermones; no es un fastidio entrometido. Y, sin embargo, fomenta las artes, la compasión y la atención, pero no el tipo de atención que te fuerza a aceptar lo que supuestamente es bueno para ti. Es abierto. Por eso recibe el nombre de Mahayana: el Gran Vehículo o la Gran Vía. Incluye muchas formas y prácticas diferentes, y no está abiertamente sometido a la ortodoxia.

Es el tipo de cristianismo que me gusta, tal como fundamentalmente se expresa en el catolicismo romano y en la ortodoxia oriental. No me gustan las formas depuradas de protestantismo, en las que se han eliminado las velas, los ornamentos, el incienso y el misterio. Han transformado la religión en algo racional y esencial, y cuando la gente reduce una creencia a lo que consideran sus fundamentos, acaban renunciando a lo importante y conservando los rasgos erróneos. Todas las religiones ofrecen un camino de salvación o un sendero de liberación, independientemente de cuál sea su naturaleza. Los protestantes creyeron que los rituales católicos y las prácticas oscuras impedían que los creyentes accedieran directamente a Dios, y buscaron un camino más eficiente y expedito, como si pretendieran acortar un programa de estudios de diez años a diez semanas. Sin embargo, eso convirtió la religión en una especie de instrumento al servicio de un fin, y eso no funciona. Quien intenta llegar a Dios asume que aún no ha llegado hasta él. Si no se intenta, existe la posibilidad de descubrirlo.

Lo fascinante de las religiones más ineficientes es precisamente su colorido y todos sus aspectos no esenciales. ¿Somos conscientes de que lo primero que las religiones eficientes hacen es eliminar todo el color? Así, visten de negro porque el color revela la suciedad, y hay que lavar esa ropa constantemente. Esta es la eficiencia. Pero la eficiencia no importa mucho si nuestra religión no se basa en la adquisición.

La religión no tiene por qué ser así. Podríamos empezar reconociendo que somos lo que somos y que en realidad no podemos mejorarnos a nosotros mismos, porque al intentar hacerlo nos enredamos y confundimos más. Tenemos que admitir eso: no hay alternativa. Por el contrario, con ingenuidad y sencillez podemos ser conscientes de la vida sin intentar hacer nada al respecto. Si dejamos que esto suceda, nos mostrará su color. Entonces percibiremos la maravilla y la naturaleza mágica del mundo, por lo que lo que hagamos en términos de práctica religiosa es simplemente una forma de arte, como cantar o danzar. No cantamos o bailamos para sentirnos seguros. No lo hacemos para adquirir algo o ser recompensados. Con esas actividades expresamos sentimientos maravillosos y nos lo pasamos muy bien.

Es difícil que la gente entienda cómo podemos disfrutar a lo grande por medio de la meditación. La meditación puede parecer aburrida. Sentarse durante largos periodos de tiempo parece poco agradable. Nos recuerda a cuando éramos niños y nuestros padres nos mandaban estar sentados, y aceptábamos hacerlo a regañadientes. Existen, de hecho, otras formas de meditación –por ejemplo, la danza de los derviches– que pueden amoldarse mejor a nuestro temperamento. Sin embargo, en relación a la forma convencional de meditación sentada, nadie considera que deba ser divertida.

Es como cuando estamos enfermos y hemos de guardar cama todo el día. Todo el mundo está ahí afuera ocupándose de sus asuntos, y nosotros nos quedamos en casa sin nada que hacer, salvo escuchar. Y acabamos por escuchar todos esos curiosos sonidos que normalmente no advertimos –el ruido de la gente, los animales y los pájaros, entre otros–, y de pronto se nos ocurre que estamos escuchando la sinfonía desatendida de todo cuanto acontece. Y de pronto descubrimos que la luz proyecta extraños patrones en los muros y atendemos a los intrincados diseños de las grietas en el techo. Lo percibimos porque somos conscientes de estar en un estado de completa receptividad y pasividad, por lo que todo vuelve a la vida. La pasividad es la raíz de la vida; es la matriz de la que emerge toda creación.

En algunas formas de meditación, se te ofrece algún elemento en el que centrar la atención –por ejemplo, una imagen visual como un chakra o un mandala, o un sonido que podamos tararear–, aunque no es necesario. Podemos limitarnos a tomar asiento sin hacer nada (ni pretenderlo) y hacernos conscientes lentamente de todo lo que sucede, porque no tenemos prisa ni ningún lugar al que ir. Es evidente que no a todo el mundo le resulta fácil. Podemos sentirnos confinados e impacientes. Sin embargo, si nos lo tomamos con calma, no sufriremos esas restricciones. Es como levantar un gran peso y sostenerlo en alto: cuanto más luchemos contra la sensación de tensión, más esfuerzo nos costará. Por lo tanto, si durante la meditación nos duelen las piernas o nos sentimos realmente incómodos, es posible adoptar cierta actitud que permitirá la desaparición del malestar. Además, nos inundará la extraordinaria sensación de observar la vida sin tener que actuar al respecto; podemos dejar que suceda sin sentirnos presionados y sin el deseo de mejorarla.

Por esta razón las imágenes del Buda siempre lo presentan con un aspecto apacible. Los gatos también son así, porque se echan a descansar sin prisa y se limitan a observar. Podríamos argumentar que son así porque no tienen otra cosa que hacer; los seres humanos creemos que hemos de actuar constantemente, para mejorar las cosas o aportar algún beneficio al mundo. Pero los eremitas que viven vidas solitarias y meditan todo el tiempo contribuyen en gran medida al mundo, y la mera sospecha de que aún existen personas así es una maravillosa noticia para todos. El contraste de su presencia revela hasta qué punto los demás nos ocupamos en generar problemas. Creemos que tenemos que llegar a algún sitio, pero ya estamos ahí. Entretanto, toda la confusión que hemos generado en nuestro apresuramiento impregna a los demás y lo contamina todo. Por lo tanto, saber que hay eremitas en lo más hondo del bosque es como saber que existe un mundo más allá de la confusión: un mundo de ríos y flores que pocos somos capaces de percibir.

Si la gente oye hablar de un valle oculto lleno de ríos y flores, la mayoría querría abrirlo al público y construir un puesto de policía, baños y una zona de picnic. Sería aún peor si sospechamos que alguien vive en el hermoso valle florido: diríamos que ese individuo es un bastardo egoísta y permitiríamos que todo el mundo echara un vistazo, y ello acabaría destruyendo el valle.

Yo vivo frente a un bosque. Es bastante grande y tupido, y ocupa la mitad de un valle. A veces creo que sería divertido explorarlo, pero luego decido no hacerlo porque no quiero perturbarlo. Nunca se ve gente recorriéndolo: tan solo una vieja cabra que aparece de vez en cuando para escalar las grandes rocas, y también hay pájaros, ciervos, mofetas, conejos y otros animales. Creo que es mejor dejar al bosque solo. Al asumir un planteamiento vital más meditativo y liberado, beneficiamos a los demás, tal como el bosque virgen beneficia a la gente. Es fundamental para nuestra cordura. Necesitamos parcelas vitales en las que no se haya interferido.

Por lo tanto, este es el aspecto pasivo de la religión exuberante: el planteamiento meditativo. El otro aspecto, por supuesto, tiene más que ver con la música, la danza y los rituales de todo tipo. Pensemos, por ejemplo, en la ceremonia japonesa del té. No se la considera mágica, nadie espera obtener ventajas de ella, y es un ritual puramente secular para tomar el té juntos. En realidad, es un ritual budista zen que no contempla diferencia alguna entre la religión y la vida cotidiana. Implica la belleza del gesto y de recipientes antiguos, y el ritual se ejecuta tan solo para la serenidad implícita en el propio ritual.

En el Estados Unidos actual existen muy pocos rituales felices. Incluso los rituales católicos parecen situaciones bufonescas en las que la gente se viste de gala, da limosna y participa en una forma abreviada de confesión. Una vez fui a una misa de medianoche en Nueva York, y nunca he visto un ritual realizado con tanta rapidez. Hay un relato de Alphonse Daudet titulado *Las tres misas* en el que un sacerdote y sus acólitos celebran a toda prisa las tres misas de Navidad para llegar a tiempo a la cena. Los tres sufren una grave indigestión en la comida y fallecen, y sus fantasmas tiene que celebrar las misas una y otra vez durante el resto de la eternidad. Esta misa fue así. No había nada majestuoso en ella, ni la sensación de ritmo, ni asomo de danza. Tan solo querían acabarla lo más rápidamente posible.

¿A quién le gusta algo así? Es como utilizar una rueda de plegarias con motor eléctrico. ¿Alguna vez has girado una rueda de plegarias? Consta de un cilindro y una pequeña cadena con un peso en un extremo, y en la rueda hay diversos tipos de oraciones que giran interminablemente, como la Tierra alrededor del Sol. Pero no es tan fácil hacer que gire: tiene truco. Si la cadena se suelta, se libera el peso, por lo que hay que mantener un ritmo constante; no podemos acelerarlo, no podemos tener prisa. Giramos el cilindro sin pretender obtener nada, como si fuéramos chiflados. Y hay que estarlo para actuar así; hay que llegar al límite de la cordura. Y no hay que hacer nada salvo girar el cilindro. No hay que hablar, no hay que pensar, no hay que ser virtuoso, no hay que creer en nada en absoluto. Solo hay que hacerlo girar, imprimirle un ritmo suave.

Hemos de apartarnos de la religión utilitaria y entender que la forma más elevada de religión es perfectamente inútil. Después de todo, esta es la verdadera naturaleza del juego: la verdadera naturaleza del universo. La Divinidad, los santos, los ángeles y todos esos budas serenamente sentados en sus mandalas son bastante inútiles. No sirven a propósito alguno. No son buenos para nadie o para nada porque no lo necesitan. Y no se dirigen a ninguna parte, porque ya están ahí.

Salvar el mundo

¿Qué ocurre cuando no seguimos ningún propósito? ¿Qué sucede cuando no tenemos un lugar al que ir? Bajamos el ritmo; deambulamos; percibimos las cosas. Y así es como descubrimos los caminos indirectos, contrarios a los directos. Podemos dar muchas vueltas en círculo, como los planetas en torno al Sol, que también gira en torno a otra cosa en el universo. Podemos girar mientras nos damos las manos, como en algunas danzas religiosas, o tal como hace nuestra respiración, al inspirar y espirar. No funciona como un surtidor; más bien tiene lugar un flujo circular. Gira y gira, como el mundo, como nuestra existencia: es el *samsara*.

El *samsara*, la rueda del devenir, la rueda del nacimiento y de la muerte, un carrusel de tristeza (poco alegre). En el poema titulado *La luz de Asia*, Edwin Arnold pone en boca del Buda:

> *Los que sufrís, sufrís por vosotros mismos. Ningún otro*
> *   os incita,*
> *ninguno os retiene para haceros vivir o morir,*
> *y haceros girar sobre la rueda, y abrazar y besar*
> *sus radios de agonía,*
> *sus llantas de lágrimas, sus tuercas del vacío.*[11]

Creemos estar avanzando hacia algún lugar, pero no es así. Por eso decimos que es una carrera de ratas. Gira la rueda, pero lo que ganamos por un lado lo perdemos por otro. Algunas personas son incapaces de adoptar otra actitud hacia la rueda de la fortuna y apuestan y la hacen girar solo por diversión. No están enganchados al juego; no apuestan para hacer dinero. Por ello, el mandala es un símbolo de la carrera de ratas, pero transformado.

¿El lector ha visto pinturas de la rueda budista de la vida? En la parte superior hay seres afortunados –son ángeles– y al fondo seres fracasados y arrojados a un purgatorio de extremo sufrimiento. En medio encontramos estados escalonados de seres humanos diversos, espíritus frustrados, demonios furiosos y animales, con los dioses en la parte superior. Los demonios y espíritus atormentados ocupan la parte inferior. Todo el mundo intenta ascender, pero independientemente de dónde se esté, todos están abajo: cada uno en su propio tormento. Incluso los dioses se esfuerzan, tratan de quedarse en el cielo, porque desde allí solo se puede descender. Sin embargo, es importante señalar que en la parte superior de la rueda no encontraremos a un buda, porque un buda es un liberado, y si estás en la rueda, estás atrapado. ¿Y cómo te liberas?

{ Para el maestro del placer, todo en la vida
es un ritual. }

El lugar de la rueda en el que te encuentras es tu lugar. Si estás en la parte inferior, podrás ver que cada punto de la rueda es el mismo, y considerarlo así te aportará un punto de vista completamente diferente respecto a la rueda. Comprenderás que no se trata tanto de un movimiento de rotación como de un flujo desde el centro de la circunferencia, y luego de la circunferencia al centro, como una flor. Y el camino del pétalo y de la rueda de pronto se transforma en un mandala: un círculo dividido por pétalos, una forma floral. Descubriremos entonces que la rueda está equilibrada, irradia gozo y está hermosamente enjoyada.

Esta es la transformación de la carrera de ratas. Si observamos a una persona habilidosa en su trabajo –un cirujano, un dentista, un zapatero o un alfarero que ama profundamente su labor–, percibiremos sus manos, cómo acarician y danzan todo lo que tocan. Sus acciones parecen ritualizadas, casi como si le rezaran a algún dios, y la acción emprendida es más importante que el producto final. Han transformado la carrera de ratas en un mandala, y nosotros también podemos conseguirlo, siempre y cuando no nos apresuremos, cosa que evitamos porque somos conscientes de que no hay ningún lugar al que llegar.

Regocíjate en todo lo que haces habitualmente. Se supone que es más gratificante acabar cuanto antes el trabajo y dedicarnos a otra cosa, pero la recompensa está aquí. No hay prisa. Para el maestro del placer, todo en la vida es un ritual. Accederemos a la gran vida si no la buscamos.

Mi amigo Gary Snyder dijo una vez que es imposible dedicarse a la tarea de salvar el mundo a menos que sepamos que no necesita ser salvado. Los hindúes dicen que nos acercamos al final del Kali Yuga –el periodo destructivo que tiene lugar aproximadamente cada cuatro millones de años–, y si tienen razón, el desastre ecológico que afrontamos no es más que la muerte periódica de nuestro sistema mundial. Desde esta perspectiva, no hay nada especialmente trágico en ello. Simplemente, es el curso natural de las cosas, como la muerte individual que cada cual ha de afrontar. Podría pensarse que considerar la situación desde este punto de vista hará a la persona fría o indiferente, pero la verdad es muy distinta. Si comprendemos aquello a lo que nos enfrentamos y no luchamos contra ello, dejamos de tener miedo, y si no lo tememos, podemos controlarlo. La preservación del planeta –la preservación de la vida– no es un deber desesperado. Es un placer.

Notas

Capítulo 1. Formar parte

1. Pierre Teilhard de Chardin, *Le Phénomene Humain*, París, Éditions du Seuil, 1955 (trad. cast.: *El fenómeno humano*, Barcelona, Taurus, 1985).

Capítulo 2. Civilizar la tecnología

2. Este fragmento pertenece a un himno anglicano compuesto por Cecil Frances Alexander en 1848, posiblemente inspirado por *Natural Theology* (1802), de William Paley, que expone viejos argumentos de Dios como diseñador del mundo natural. El verso en cuestión (el tercero), como sugiere Watts, a menudo se omite en las versiones disponibles del himno.
3. Buckminster Fuller (1895-1983) fue teórico de sistemas, inventor y autor de más de treinta libros. Además de a Watts, Fuller inspiró a muchos visionarios del siglo XX, entre ellos John Cage, Robert Anton Wilson y Stewart Brand.
4. Otro contemporáneo de Watts, Marshall MacLuhan (1911-1980) fue un filósofo canadiense que predijo la aparición de internet casi treinta años antes de su invención.
5. En este párrafo, Watts parafrasea a Harry Stack Sullivan (1892-1949) y a George Herbert Mead (1863-1931), psicólogos que subrayaron que un individuo solo puede ser comprendido en el contexto de su entorno social.

6. Jiddu Krishnamurti (1895-1986) fue un filósofo indio al que Watts cita en un par de ocasiones en el presente libro.

Capitulo 3. Dinero y materialismo

7. Henry Miller (1891-1980) fue un escritor estadounidense. Watts ha mencionado esta cita en otros lugares (por ejemplo, en *El Tao de la filosofía*), pero no he sido capaz de localizar la fuente original.
8. Robert Theobald (1929-1999), economista y futurista, conocido por sus escritos sobre la economía post-escasez.

Capítulo 4. Elogio del vaivén

9. Esta es la traducción de Watts de un haiku de Taigu Ryokan (1758-1831), excéntrico monje de la escuela Soto Zen.

Capítulo 5. Lo que es en sí mismo

10. Bankei Yotaku (1622-1693) fue un maestro zen de la tradición Rinzai conocido por su revolucionario «Zen no nacido», a menudo citado por Watss (por ejemplo, en *Out of Your Mind*).
11. Este fragmento pertenece al largo poema narrativo de Arnold, publicado en 1879 y que describe la vida del Buda Gautama.

Acerca del autor

Nacido en Chislehurst, Reino Unido, en 1915, Alan Watts llegó a Estados Unidos siendo joven y practicó el budismo Zen, además de doctorarse en el Seminario Teológico Seabury-Western en Evanston, Illinois. Tras abandonar el sacerdocio episcopal en 1950, Watts se estableció en California e impartió clases en la American Academy of Asian Studies en San Francisco, donde llegó a ser decano y recibió un doctorado honorífico en divinidad por la Universidad de Vermont. Durante años impartió conferencias en universidades y centros de desarrollo personal de todo el mundo y escribió dos docenas de libros, entre ellos *Psicoterapia del Este, psicoterapia del Oeste*, *The Book: On the Tabbo Against Knowing Who You Are* y *El camino del Zen*, uno de los primeros superventas sobre budismo. Watts también grabó cientos de entrevistas y seminarios y escribió incontables artículos para revistas populares como *Elle*, *Redbook* y *Playboy*. Se le considera el más destacado intérprete del budismo, el hinduismo y el taoísmo en Occidente. Su hijo, Mark Watts, produjo el documental *Why Not Now?* y prosigue la labor de su padre en la Alan Watts Electronic University.

editorial **K**airós

Puede recibir información sobre
nuestros libros y colecciones inscribiéndose en:

www.editorialkairos.com
www.editorialkairos.com/newsletter.html
www.letraskairos.com

Numancia, 117-121 • 08029 Barcelona • España
tel. +34 934 949 490 • info@editorialkairos.com